"桐乡历史文化丛书"(第五辑)编委会

顾　　问：于会游　王　坚　俞奕凌　施如玉
编　　委：李新荣　于瑞华　褚万根　顾守菊
　　　　　吴　臻　申险峰　范利学

主　　编：李新荣
副 主 编：褚万根

作　　者：(以姓氏笔画为序)
　　　　　陈　勇　沈思佳　张天杰　郁震宏
　　　　　闻海鹰　夏春锦　章建明

章建明 著

沈昌传

SHEN CHANG ZHUAN

华文出版社
SINO-CULTURE PRESS

图书在版编目（CIP）数据

沈昌传 / 章建明著. —— 北京：华文出版社，2022.12
（桐乡历史文化丛书. 第五辑）
ISBN 978-7-5075-5716-9

Ⅰ. ①沈… Ⅱ. ①章… Ⅲ. ①沈昌（1905-1942）－传记 Ⅳ. ①K825.2

中国国家版本馆CIP数据核字(2023)第027372号

沈昌传

著　　者	章建明
责任编辑	闫丽娜
出版发行	华文出版社
地　　址	北京市西城区广外大街305号8区2号楼
邮政编码	100055
网　　址	http://www.hwcbs.cn
电　　话	编辑部 010-58336279　总编室 010-58336239
	发行部 010-58336202
经　　销	新华书店
印　　刷	三河市航远印刷有限公司
装帧制版	北京禾风雅艺文化发展有限公司
开　　本	880mm×1230mm　1/32
印　　张	8
字　　数	172千字
版　　次	2022年12月第1版
印　　次	2022年12月第1次印刷
标准书号	ISBN 978-7-5075-5716-9
定　　价	60.00元

版权所有，侵权必究

沈昌像

人间正道是沧桑(代序)

恰值父亲逝世八十周年,爸爸:你的传记出版了。

是巧合?是天意?不,是"人间正道是沧桑"。

说实话,2015年,在我应中共中央、国务院、中央军委之邀,参加北京纪念抗战胜利七十周年九三大阅兵观礼,代父接受勋章后,决定踏上"追寻父亲足迹之路"的时候,心里是完全没有底的。

爸爸的走,对于六岁的我来说实在太匆忙。虽然后来不知道多少回,人们告诉我,你父亲是了不起的人物,甚至一位人类学专家对我说,他把父亲和我的兄弟作为采样研究,得出结论是:"这是人类进化过程中几百年才出现的特别优秀的一支。"我仍然没有什么概念。在我的记忆里,父亲母亲从来没有对我说起过什么惊天动地、高大上的卓著功勋,也许父母认为这一切只不过如父亲所说:一个人"行其当所行"而已。

而爸爸离我而去的年头又实在太漫长。在中国,这八十年发生了怎样的变化,真可谓"天翻地覆"。我手上一点线索也没有,一切均已湮没在历史的尘埃中。

结果,阔别祖国数十年后,我第一次来到父亲亲手建立的川滇铁路公司小石坝基地,正无限感慨地徘徊在一溜熟悉的黄

泥墙飞机屋前时，忽然背后传来一声："那是蓓蓓吗？"竟是当年父亲在小石坝铁路基地建立的医院的护士杨阿姨。在我们相拥而泣中，杨阿姨滔滔不绝地说了许多她的丈夫跟随父亲徒步从野人山中走出来的往事。而这成了奇迹之旅的开端：巧遇机工厂老员工何正昌父女带我找到了父亲的墓；去祭拜的时候，竟发现有鲜花和还发烫的纸灰，原来是当地老百姓鲁忠英一家刚来上过坟。她们居然年年祭扫，裱纸鲜花，心香泪酒，数十年自发地为父亲守墓；在芝加哥总领事馆，特别是洪磊总领事亲自批示关心，云南及昆明各级侨办的直接帮助下，找到了抗战史专家戈叔亚先生、铁路史专家和中孚老先生，他们早于我之前，就一直在苦苦寻找沈昌的踪迹。之后，又有年轻的小伏，伏自文记者不辞辛劳，参与进来，采访故人，勘探旧址，帮我找到并保存了许多不可复制的珍贵史料；由和老牵线，又得以拜访父亲的下属，当时负责炸毁中越界河上的河口大桥、中方一号隧道，拆除河口至碧色寨间靠近中越边境的一百七十七公里铁路的机务段段长翁彼舫先生的儿子，现已九十五岁的翁大昭老先生，听他亲口讲述了这段惊天动地的历史；清明时分，在常州，为父亲沈昌举行了公祭，《中国文化报》作了通版报导；昆明滇西抗战历史研究会、民革举办了专题研讨会；昆明团市委全程录像，作为各大专院校的爱国主义教材。更不可思议的是，2018年5月4日，就在我回美国的前一天，中国科学院自然科学史研究所的方一兵研究员、陈培阳及内蒙古师范大学的段海龙等来到杭州我家。他们认为，滇缅铁路在战时特殊情况下修建，具有极高的研究价值。而我是当年主持这项工程的主要负责人——

沈昌唯一在世的后人，因此通过种种渠道找到我，并向我提供了许多珍贵的资料和照片。再有王晓林女士为我联系中国台湾档案馆。最后是桐乡侨办、桐乡文联到今日《沈昌传》的作者章建明先生，以史学家极其严谨的态度，事无巨细，浪里淘金，用春秋笔法，最终完成了对父亲沈昌原貌全面而准确的复原。这是开始时我万万未敢奢望的。

以前我对"寻找父亲足迹之旅"中接踵而至的事常觉匪夷所思，简直是奇迹。现在忽然明白，"往事并不随风"。爸爸的魂：鞠躬尽瘁、奉职忘生的"忠"；胸怀大局、赤胆仁心的"义"；运筹帷幄、力挽狂澜的"智"；临危受命、敢于担当的"勇"；志存高远、海归报国的"信"；励精图治、无私奉献的"廉"，以及他对这片土地的热爱，一直弥漫在为之献身的青山绿水间，从来没有离开……

习主席说："英雄是民族最闪亮的坐标。"一个有希望的民族不能没有英雄，一个不记来路的民族，是没有出路的民族。我们现在的中国梦就是百年来中国一切仁人志士的中国复兴梦。包括抗战英雄在内的一切民族英雄，都是中华民族的脊梁，他们的事迹和精神都是激励我们前行的强大力量。我们要"在全社会树立崇尚英雄、缅怀先烈的良好风尚"，对一切为国家、为民族、为和平付出宝贵生命的人们，不管时代怎样变化，我们都要永远铭记他们的牺牲和奉献。

《人民日报》更如此写道："他们默默无闻，却让我们屹立于世界；他们走进历史，却让我们拥抱未来；他们失去生命，却让我们生生不息；他们危难时挺身而出，恪尽职守，无私奉献，鞠

躬尽瘁，死而后已。他们是民族的脊梁；他们的事迹和精神是激励我们前行的强大力量。"

从而顿悟："人间正道是沧桑。"现在所做的，远不仅关乎一个人或一个家族，而是在发掘一段不可缺失的国家记忆，是在抢救一份丰厚的历史遗产。正如早年曾在叙昆铁路昆(明)沾(益)段工作过的王光老先生抹着泪说的："沈昌是中国铁路史上声誉卓著的工程师之一，从东北征战到西南，都留下极好的口碑。……沈昌在云南，真是雄姿英发，一直为开拓云南交通而联内通外，为适应抗战的急需马不停蹄地奔忙着，终于积劳成疾，英年早逝。他生于江南，死于云南，鞠躬尽瘁，死而不能回乡，遗骨留在了昆明，我们不能忘了他。"

所以，此书不仅仅是一个人的传记，而是一部中国仁人志士百年来为中华谋复兴的英雄史诗。

让我代表全家，代表儿孙，代表妈妈和哥哥弟弟，再一次向一切关心帮助过我的朋友，向桐乡文联，向章建明先生泣血叩谢。

沈 蓓

2022 年 4 月 3 日

目录

人间正道是沧桑（代序）/ 沈蓓

第一章　柞溪祖泽　　　　　　　001
　　　故乡炉头　　　　　　　　　001
　　　辉耀家世　　　　　　　　　005
　　　祖父善蒸　　　　　　　　　013
　　　父亲沈纮　　　　　　　　　019
　　　母亲高氏　　　　　　　　　027
　　　姐弟情深　　　　　　　　　032

第二章　觉悟时代
　　　童年就学　　　　　　　　　041
　　　多舛中学　　　　　　　　　047
　　　上下求索　　　　　　　　　057
　　　赴美留学　　　　　　　　　064

第三章　初露锋芒
　　　建设上海　　　　　　　　　070
　　　执掌镇江　　　　　　　　　083

婚姻家庭　　　　　　091
　　　参谋水利　　　　　　102

第四章　绩纪扶轮
　　　初掌铁路　　　　　　108
　　　整顿平绥　　　　　　113
　　　泽被西北　　　　　　126
　　　蒙辱请辞　　　　　　136

第五章　筚路蓝缕
　　　奔赴西南　　　　　　152
　　　筹建叙昆　　　　　　162
　　　接管滇越　　　　　　179
　　　饮道司令　　　　　　187
　　　远征将军　　　　　　196
　　　鞠躬尽瘁　　　　　　203

附录
　　　沈昌年表　　　　　　214
　　　柞溪沈氏思源堂宗谱　238

参考文献　　　　　　　　240

后记　　　　　　　　　　242

第一章　柞溪祖泽

故乡炉头

在浙江省杭嘉湖平原的腹地,大运河苏州到杭州的中间,有个叫"炉头"的地方,就是沈昌的故乡,现属于浙江省桐乡市乌镇镇。之所以叫炉头,这与沈昌祖上的家族工业——冶铸业相关。据《光绪桐乡县志》记载:"炉头镇。古名柞溪,在清风乡,县北西北十三里,为县北通衢,距青镇十四里。居民以冶铸为业,除夏季外,三时炉火,昼夜不绝,镇以是名。釜鬲钟鼎之制,大江以南咸取给焉。有沈氏聚族而居,遭战乱后亦多散处。"

清代诗人陈沄曾写有一首棹歌《柞溪夜泊》:"家住炉溪曲水前,铸金成釜旧相传。沿塘时有商船泊,夜半惊看火烛天。"作者已把清幽静寂的柞溪,描述成冶业火红的炉溪了。

很显然,炉头是因冶坊而得名。在沈氏冶坊开设前,这里便称为柞溪。沈昌祖上是在明代中叶自苕溪,也就是吴兴余不溪的地方,迁居到桐乡北的柞溪,繁衍生息。始迁祖是南齐名贤沈麟士三十七世孙,叫沈济,字绣川。清道光年间,有位叫沈炳垣的沈氏后人在《春居杂咏四首》中曾写道:"我家迁柞溪,

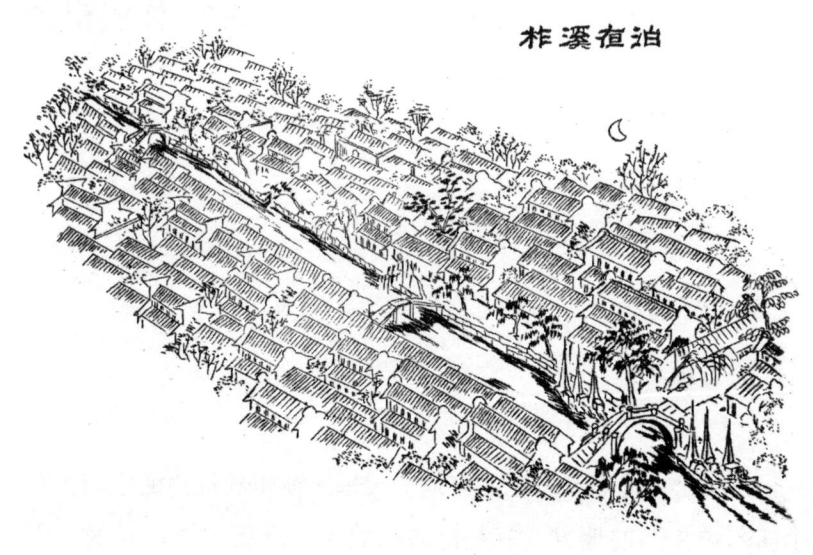

古柞溪手绘图（原炉头文化站提供）

百室欣聚族。溪水流前门，良田绕后屋。登楼望原野，新秧微已绿。芳草生近郊，牛羊乐春牧。及兹初夏长，力作率童仆。课耕偶或闲，一编时还读。岂必甘隐沦，聊以媚幽独。"沈炳垣写这首诗时，家已迁至郡城嘉兴，他是来老家玩的。可以想象，沈氏家族在这门前小溪潺潺、屋后良田千顷的柞溪生活了几百年，子孙们慢慢散去。

柞溪南至运河，北达乌镇，与烂溪塘相接，去太湖不足百里。自古是南接长水，北枕烂溪，中贯运河的排水走廊。几百年一路走来，原来的柞溪越来越宽，至今仍是运输的黄金水道。柞溪这条水道，历史上雅称别名特多，在《光绪桐乡县志》上这条河又称车溪："车溪，在清风乡。自皂林堰口直抵青镇，南北二十里，两旁皆腴田，资以灌溉，车舟不绝，故名车溪。"当地老百姓习惯上又称金牛塘，还流传着一个古老的传说，你要是现在去金牛塘边，或许还会有人讲给你听。如今又称为"东宗线"，是国家三级航道。

柞溪皂林堰口运河畔的皂林驿更是历史久远，文化底蕴深厚。此处唐代设寨，宋代起居民渐多。后来，居民夹运河为市，户口繁庶，商贾云集，成为雄镇。南宋高宗赵构多次幸巡苏州，来回苏杭曾在这里驻跸。最清楚的记载是在1136年九月己巳日，宋高宗舟至皂林，这天他听到报告，岳飞率军击败伪齐，他问宰执："岳飞之捷，兵家不无缘饰，宜通书细问；非吝赏典，欲知措置之方尔。"抗金战场上岳家军大捷，本应该立即颁诏犒劳将士，鼓舞士气，作为皇帝的他却疑虑重重。足见南宋执政者颓靡、怕打的苟安心理。

元代在这里设驿。明代于此设巡检司（官署，一般设在关津要处）。有巡检一员，维治地方治安。驿站设驿丞一员，主管邮传迎送之事。县中还在此建便民仓。元代至正十六年（1356），起兵反元的张士诚占据苏州后，进攻嘉兴，元朝遣将路成驻皂林镇抵御。后来，张士诚部在皂林被明代开国功臣常遇春所破。自明代宣德五年（1430）设立桐乡县后，皂林因地势交会扼要而成为要害之地，逐渐发展繁盛。四方往来船只常停泊于此，夜市张灯，成为京杭大运河的重要口岸。

至嘉靖三十五年（1556），倭寇围攻桐乡县城，流劫至皂林。明游击将军宗礼，镇抚侯槐、何衡，忠勇官霍贯道奉命在此迎战倭寇，战殁于此。皂林成为战场，庐舍被倭寇所毁。为纪念这位抗倭的宗礼将军，人们便在塘口建了座"宗扬庙"，供奉将军，世代祭祀。这座庙的庙联还与柞溪沈氏有关。上联是："提孤军扫狂寇逆氛，俾阮胡得而纡筹，汪徐因而就抚，卒保全浙东西数郡苍生，以客将建殊勋，一死足千秋，犹想见耳雷鼻火。"下联为："过故里吊将军遗迹，看配享有霍贯道，从祀有沈东溪，长消受塘南北万家血食，为乡民驱疠疾，神灵昭百代，恍然睹风马云旗。"可见，这庙不仅祭祀宗礼将军，还从祀副将霍贯道和沈昌祖上对抗倭有功的沈东溪。

这运河边上的皂林镇，至清代初，郑成功抗清军队过此间，激战中民房尽毁。清康熙十三年（1674），又在皂林添设腰站（驿站的中间站，以便休息进食或换马），有官马三十匹，马夫二十名。桐乡知县徐秉元在此造设棚厂，派典吏专管其事。

清代康熙、乾隆两帝南巡，沿京杭大运河经过桐乡境内，都曾在这里驻跸。康熙帝还在运河皂林段塘堤上溜过马，浙江巡抚庄曾有恭和玄烨联句的诗，"滮湖正回棹，秀溪复控辔"，可见玄烨曾在运河塘口的秀溪桥停舟登岸，在宗扬庙一带乘骑若干里（嘉兴南湖名为滮湖，炉头金牛塘南端与运河相接处有秀溪桥）。

一定是运河滋养了这块土地，这里被誉为"鱼米之乡，丝绸之府"。唐李翰《苏州嘉兴屯田纪绩颂并序》载："嘉禾一穰，江淮为之康；嘉禾一歉，江淮为之俭。"说的正是这块富饶的地方。在唐代以前，这里专种秔稻，能为江淮输出粮食，证明这里粮食作物的单位面积产量很高。到了南宋末期，嘉区的蚕桑商品生产开始抬头；特别是曲阜濮凤随宋高宗南渡，把兖州的植桑技术带到桐乡，丝织手工业得到普及。据明弘治年代的《嘉兴府志》记载："嘉禾之俗，终岁勤动，饷给于国，而尺寸之土必耕；衣被他郡，而机杼之声不绝。"千年以降，农耕文化、蚕桑文化、运河文化、古镇文化、名人文化等交相辉映，璀璨夺目。运河之畔，柞溪两岸，历史上曾有双桥帆影、钱店野渡、龙翔古刹、郭桥待月、九里松涛、甑山云林、蟹山秋晚、车溪春涨八景，还有杨园隐居、绣溪凭吊、皂林古战场、柞溪夜泊、沈园、郑园、百可园、梅家山、崔堂等名胜古迹。

炉镇不算大，名人却不少。理学大儒张履祥、《四库全书》总校官陆费墀、宫廷画师金廷标、中华书局创始人陆费逵都算是这"筷长炉头镇"的先贤。还有那抗倭名将宗礼、敢言"六经熄而邪说炽，训诂繁而风雅湮"的陆时雍、被称为"读书真种子"的周拱辰。此外，沈昌祖上飞火将军"退寇全城"的故事，也是这小镇上流传的佳话。

辉耀家世

沈氏是吴兴大族。据《柞溪沈氏思源堂宗谱》载，吴兴沈氏是以周文王第十子、武王同母弟季载（字聃叔）为始祖。约在西汉时，始迁祖沈戎从寿春（安徽寿县）徙居会稽乌程县余不乡。沈戎之后，家族贤隽辈出。南齐名贤沈麟士，南梁尚书沈约、吏部郎沈渊，唐御史中丞太尉沈震，北宋翰林学士沈括都为吴兴沈氏的精英翘楚。据北宋左文质的《吴兴统记》引《沈氏先贤传》称："沈戎子孙见诸史传者一百五十八人，三十八人有正传，一百二十人附传。"

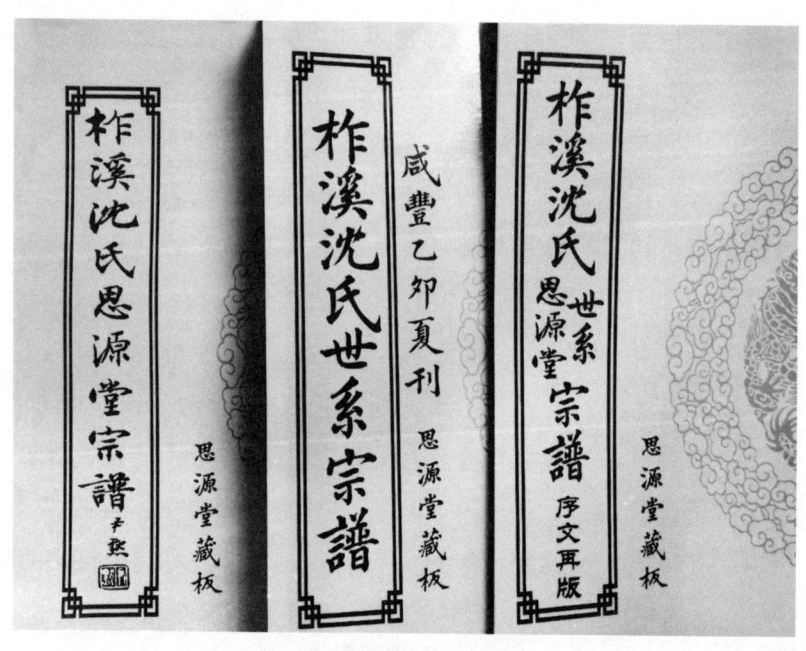

柞溪沈氏世系宗谱

民国《乌青镇志》载:"炉镇沈氏原有四支。明初有沈济者,字绣川,自湖州迁居柞溪,创立冶业,乡人因呼其地为炉头。时值岁歉,代偿六里粮,家遂中落。其五世孙铧,即退倭寇、保桐城者也。子孙蕃衍,科第不绝。其余各支,则均散居各处矣。兹将绣川支在炉镇者,科第、仕籍、学位详列于后,以志人才之盛。"所列的清代进士有二人,举人八人,民国时期高等教育毕业生十八人,其中八人是留学生。至于出现在地方志上的明代进士沈蒸、沈思充,举人沈云从,清代进士沈兆奎、沈锡,同样是炉镇人,但是不是柞溪沈氏另外几支,倒没有深究。

柞溪沈氏五世孙沈铧,在明嘉靖丙辰年(1556)以谋略抗倭,

保卫了桐乡城,被称为"飞火将军"。沈铧的抗倭事迹被写入当地县志,入列"义行":

> 沈公铧,字东溪,炉镇人,世守冶业。嘉靖丙辰,倭寇攻城,仓卒被围。时公寓邑中,方弈棋僧舍,扬言曰:"欲退贼,何必张皇!"巡抚阮鹗闻之,奇其言,具缥帛致之。问所以,公曰:"兵尽矢穷,人无寸铁,计惟裒城中釜,镕汁洒城下,孰能御之?"阮如其言。下令户出爨釜,募工镕汁,视贼围疏处,汇大木,以巨索绷结雉堞外,待贼薄城,则斧断其索,声震如雷。寇哗传城一隅摧,蚁集其下,即引铁汁杂火药灌洒之,寇尽歼。功成,阮手书"退寇全城"四字榜其庐,授百户,不就。隆庆间从祀宗礼祠。今祀忠义祠。

在《柞溪沈氏思源堂宗谱》里,还有由东溪公五世孙沈琳、沈梁撰写的《明百户东溪沈公退倭事略》一文,比县志上的记载要详细得多,但大概内容相当,可能是后世编志者的参考文献。

当时的督闽备倭官,上疏要授沈铧百户衔,身为布衣的沈东溪拒受锦衣卫的官。这更加深得巡抚阮鹗尊敬,便亲题"全城退寇"四字匾额,悬于沈家。后来沈东溪还成为出入阮鹗幕府的上客,经常参与大小军政的决策,以至后来参与到戚家军的抗倭,还引荐、栽培戚家军部下有好多将士,这不仅是沈铧用智慧和抗倭的一腔热血赢得的尊重,更是沈氏家族的荣耀。

沈东溪抗倭的功绩,后世一直也在颂扬。康熙年间(1662—1722),甑山钱芷写过一首《退倭歌》歌颂沈东溪事迹,诗文如下:

嘉靖年中海氛扰，鲸鲵走陆蛟离岛。
东南一带尽遭迍，庙算无成空抚剿。
禾郡近海称要冲，沿塘转掠蹂吾桐。
桐城蕞尔况新筑，筑工未竟城失攻。
阮公金公相角掎，游击将军血战死。
四旬围困苦难支，计约何堪累卵似。
谁与画策挫贼锋，布衣乃有东溪公。
献奇宁倚炮石力，却敌惟将釜铁镕。
铁镕成汁势弥炽，一勺旋浇百人毙。
骨糜肉烂几千余，俄顷之间穷贼技。
火攻哪必法孙吴，田单火牛能似无。
全城退寇厥功伟，匾书衔授徒区区。
此事沉埋百余载，故国丘墟朝市改。
但知绩向当时传，岂识名从田野采。
柞溪贤裔琳与梁，少年秀茁工文章。
竟追祖烈广收采，从兹志乘添辉光。
功德于民世祀永，如公保捍事实审。
俎豆春秋报若何，金阮宗祠应附沈。

看得出钱芷在为这位老乡鸣不平，事实上沈氏自沈戎这辈起就有"进不为身，退不为名。忠上洁己，邦家之光"的祖训。

柞溪支沈氏，不愧赓续祖上"善侯"的封号，沈济代为六里乡亲偿还了公粮，是沈氏优良家风的传承。沈济之后，这样的善事义举不胜枚举。沈氏九十六世、柞溪沈氏十一世沈孝本，也就是沈昌曾祖父沈宝荣的曾祖父,在乾隆五十年至五十一年(1785—1786)间,桐乡遭受荒年,他首创"以钱准米,以票给钱"的捐资助赈办法,防止了冒领、混领赈粮的行为。

柞溪沈氏中,沈昌的堂叔高祖沈炳垣也是不得不提的人物。沈炳垣(约1784—1855),原名潮,字鱼门,号晓沧,桐乡炉头人(今属乌镇镇)。嘉庆庚午(1810)科举人,道光丙戌(1826)大挑一等,分发江苏以知县用。历署娄县、崇明县知县,太昌直隶州知州,补授新阳县知县,调补元和、南汇县知县,升任苏州府督粮同知,改官松江府海防同知,历充道光辛卯恩科、壬辰丁酉科江南乡试同考官。

沈炳垣从小就跟随父亲学诗书,六岁入家塾,喜欢读乡贤理学家张履祥的书,养成了他之后"以躬行为务,崇廉节,振礼义。不倖进,不龠热,不自骄"的为人品格。十七岁时进入县学读书,二十六岁时中举。嘉庆辛未(1811)起,他乡试中举十数年间,多次进京会考,而一直没有考中进士。四十二岁时因朝廷"大挑"才开始做官,出任娄县(今上海松江区)知县。品性仁慈、宽大仁恕是他的为政风格,他审判案件,从不轻易动刑,喜欢约双方调解,心平气和,言如家人,使事情平息下来,消除事端,让当事人平和相处。在任时,积极兴修苏松各县水利。当时县西北蒲汇塘因下游入黄浦江段淤塞,亟待疏浚,而七宝一带地瘠民贫,官府也实在没有钱来疏浚,沈炳垣带头捐献俸银,并多方筹集资金、雇用民工,实施了疏浚蒲汇塘工程。当地百姓感谢沈炳垣的恩德,在他离任时,争相携带果酒来为沈炳垣送行。为此,沈炳垣还专门写了《九月初三日将返省,垣留别娄邑绅士父老四首》,诗中"歌诗赠盈箧,语语出真至。握手谢诸君,我愧循良吏""今兹舍我去,如失平生亲。我闻汗浃背,颂德惭非伦"道出了沈炳垣与百姓依依离别、声声不舍的心情。他在新阳县(今江苏昆山)下乡巡历时,因连年灾害,百姓十室九空,饥肠辘辘,不按时交清赋税还要遭受鞭刑,面对勤劳的农民,怜悯无奈之心油然而生,他徘徊在旷野,心情茫然。可见沈炳垣是一位能体恤民情、深知百姓的疾苦、清廉贤明的好官。

道光二十年(1840)八月,沈炳垣赴任崇明知县,正值鸦片战争爆发,英国侵略军自粤闽海道袭击崇明东南长安沙。沈炳垣即率部渡海袭击,斩杀英军三人,崇明军民联合防备,赶走了来犯的侵略者。第二年,沈炳垣又以政绩升为苏州督粮同知,随两江总督牛鉴至上海,管理防堵局事务。道光二十二年,英军连陷浙江沿海,又入侵长江口;五月,吴淞失陷,江南提督陈化成血战牺牲,总督退师昆山,令随军撤退。行前,沈炳垣为了不让存放在防堵局所的四十余万斤洋铜被英军劫夺,就动员分置在居民家中,保住了这批洋铜。英军撤退后,沈炳垣又奉命维护上海秩序。道光二十三年,沈炳垣改任松江府海防同知,仍驻上海。《南京条约》签订后,上海辟为通商口岸,沈炳垣受命管理船政和外交事务。道光二十八年秋,得知母病危,沈炳垣请假回到家里,从此辞去了官职。后曾授教于上海敬业书院,他的教学成就在当时被树为榜样。其间,又担任过江南乡试的考官。

沈炳垣从政几十年,勤政为民,以廉惠著称。践行了他"既读圣贤书，义利须分剖。当思重廉耻，勿令蒙汙垢。努力各自爱，有为先有守。奚止保宗祊，庶期三不朽"的为官做人思想。政事之余，笃学攻书法，尤擅长汉隶。著有《䂵砚山房诗钞》《祥止室诗钞》《问斋诗钞》《祥止室文稿日猎编》。沈炳垣的儿子宝禾是道光乙未恩科举人，选授处州府松阳县训导，官至江苏同知衔。孙子善登，同治丁卯年（1867），与弟善经同举于乡，戊辰年（1868）进士，钦点翰林院庶吉士。与晚清名臣张之洞、许景澄是同年。一世精研于《易》，兼通佛学。曾任桐溪书院山长二十余年。

沈宝榮墨迹

沈昌曾祖父沈宝榮（1823—1860）字子信，号嗣仙。柞溪沈氏到了沈昌曾祖父这辈，重列了辈分名序："宝善承家学，行仁作道基。"

宝字辈的男孩有五十余人，其中进士一人，举人一人，诸生二十五人。沈宝榮是禀贡生，分发试用训导。从小无书不读，工书法，精篆隶。平时为人低调，穿着朴素，亲戚朋友的酒食宴会一律拒之不赴，终年闭户潜修。生平仰慕理学大家张杨园（即张履祥），曾组织捐修过杨园墓。咸丰庚申（1860）十一月六日因募勇防堵太平军，被缚后乱刀戮杀，后又被焚其庐柩。这件事记载在一位自称谷农退士撰写的随笔《寇难琐记》中：

> 咸丰十年（1860）十一月初五夜，嘉兴之贼径由皂林镇入秀溪桥，抄掠炉头镇，烧毁大半。镇故有富户沈氏，以冶铁起家百有余年矣，广厦丰屋，半是沈居，至是尽被掳掠，一罄家藏。有沈宝棨者，字嗣仙，能文工书，有声，庠序人，亦温厚蕴藉，无绮纨习气，方由廪贡例授训导矣。时婴重疾，家居，贼见之，知其丰厚，以力胁之，索其金，沈解囊与之，计黄金百余两，银洋一千余枚，犹以为不足，请遂不得。贼怒其吝也，连刃数处，创其而残。又追勒其母陈氏，砍伤，未中要害，得不死，并强逼族中少妇，有迭匿溷藩中，卒为其所污者。先是八月中，贼至炉镇北栅，焚烧数十家，不甚搜括，兹已第二次矣。沈氏半居南栅，受害较深。

同治二年（1863），由上海忠义局报得恤云骑尉世职。沈宝棨被载入《光绪桐县志·人物志·忠烈》。

庚申之难后，沈宝棨的后人放弃炉镇家业，投奔迁居青镇的沈宝樾，有迁住在上海的，也有仍跟着沈宝樾从事冶业的。沈宝樾，字荫人，号茂庭。一生勇于为善，慷慨好施。在青镇经营冶业，家底殷实，是青镇早期到上海开埠的企业家之一。因遭咸丰庚申之乱，家业渐落。但每当自己外出避难，必带上老家及沪上同居犹子眷属一同出行。同治甲子年（1864），曾国藩领导的湘军已相继收复杭州、嘉兴。战争使乌镇的黎民百姓嗷嗷待哺，沈宝樾会同徐之林，倡议向故乡载米归赈，得到了在沪的乌镇商人的积极响应。募得米六千余石，派严辰运米回乡，创办善后局，救济饥民七万之多。沈宝樾生平善事，以施药功德为最大，在青镇开设施医局、牛痘局，历数十年不倦。桐乡重开育婴堂，青镇重开留婴堂，他都是捐资首倡者。神墩的保婴会、蒋桥的接婴堂、乌镇的放生河、皂林的秀溪桥、梿市塔影浜义冢掩埋，皆其劝办所成。

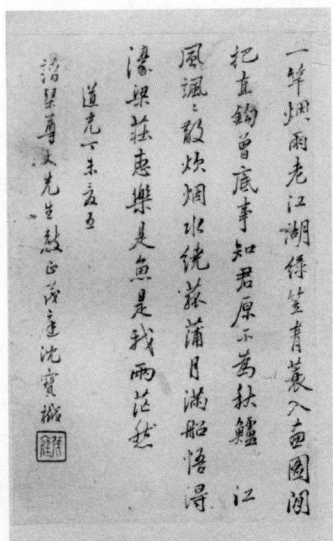

沈宝樾墨迹

沈氏祖上绵延百代，世有善行，子孙都为才智兼长，忠义自矢，着实是祖德久而弥彰。

祖父善蒸

沈昌曾祖父沈宝榮生有六个儿子，其中有两个幼殇，一个二十一岁卒。祖父沈善蒸是沈宝榮长子，生于1845年，字公进，又字立民，号粒民。是国学生，候选詹事府主簿，袭云骑尉，授徵仕郎。父亲殉难这年，他已二十五岁，因袭职云骑尉，按当时政策也享受了朝廷俸禄。娶了道光十九年（1839）已亥科举人，杭州府学训导钮福鳌的女儿为妻。钮福鳌是状元钮福保的弟弟，着实也是乌程县的名门望族。

沈善蒸虽是国学生，但早就放弃儒业。跟随苏州绅士金少愚（德鸿）、崇明李凤苞（丹崖）游学。金少愚擅长算学，精通西方先进科技。李凤苞通晓天文历算、地理、兵法，精通外语。两人都受洋务派创始人李鸿章重用，是洋务运动的实践者。特别是李凤苞，曾是清政府驻德国、意大利、荷兰、奥地利、法国五国公使，是"致远""定远"舰的设计者。沈善蒸在金、李两人的影响之下，对地理、兵器和自然科学产生了极大的兴趣，打下数学和西方科学技术的基础；后又与李凤苞等一起进入广方言馆继续深造，并成为广方言馆的一名教习。

"广方言馆"成立于同治仁年（1863），是由江苏巡抚李鸿章仿京师"同文馆"例，奏设于上海的，是当时上海建立的第一所外国语专科学校，也是带有明显上海特色的新式学校。相对于京畿使用的官话，地方语言被叫作"方言"。所谓"广方言"，就是推广方言的意思。开始时，仅设"英文"一馆，后加设"法文馆""算学馆"，光绪十七年（1891）增设"天文馆"。校址初设于老城厢内旧学宫，即"敬业书院"西偏屋宇（今梧桐路），由书院山长冯桂芬总负责，沈善蒸从曾祖沈炳垣也曾在书院教书。

同治九年（1870），广方言馆迁入高昌庙"江南机

沈善蒸《火器真诀解证》

器制造局"(后为江南造船厂,今已划归"世博园区")内。之后又设"翻译馆""东文馆""铁船馆""工艺学堂"等,由制造局总办兼任广方言馆总办,归两江总督及江海关道管辖。广方言馆招收十四岁以下(后改十五岁至二十岁)"师禀颖悟、根器端静之文童"。定额四十人,最多时达八十人。分上、下两班,先入下班,一年后择优升入上班,专习一艺。学生经两次监院总试,按照等次区分优劣,每年四次送上海道考察,如西学不能通晓,则要被退回,在其他学生中另行保送考试,择文理优长者替补。若西学、中学皆优列前十名的学生,赏给花红银两。学生学完后为"附生",将备送通商衙门及海关实习翻译,工作勤奋的,由通商督抚保奏,送总理衙门考察授予官阶,其余的作为国家储备人才,待国家需要时不限一途,不拘一格任用。沈善蒸在广方言馆师从刘彝程,期间担任教习,编著过《广方言算学课艺》《亥加人开立方解证》,著有《造整勾股表简法》《解代数一百十四款》等课艺。在江南制造局与英国人傅兰雅、美国人金楷里等一起出版了《电气镀金》《数学理》《行军测绘》《光学》等十多种科学译作。可以断定,柞溪沈氏子孙在民国出了这么多留学生,一定与这广方言馆有关系。

沈善蒸《求志书院课艺》

光绪二年（1876）3月30日，上海道冯焌光捐银二万两建房五十间，创立了求志书院，分为经学、文学、算学、舆地、词章等六斋。聘请学者钟文丞、俞樾、高骖麟、刘彝程、张焕纶等主持。旧学将算学视作一门技能，不予重视；舆地一门也仅附于史学，求志书院将算学、舆地列为独立学科，开书院辟古通今之路，并定算学每年出题考试四次，在院外学习算术者均可应试，也是当时的创举。沈善蒸以他对算学的专研与爱好，经常参加求志书院春夏秋冬面向社会的考试。有趣的是，他还以公进的名字参加过考试，求志书院在公布应试成绩时出现浙江桐乡沈善蒸、浙江桐乡沈公进同时获得超等成绩。由于屡屡在考试中获得算学超等的好成绩，他还获得求志书院花红银奖励。光绪三年（1877）的刊本《求志书院课艺》中，算学部分共四篇，沈善蒸一人就占三篇。从沈善蒸与算学家、求志书院主持刘彝程合撰《广方言馆课艺》来分析，两人亦师亦友。

沈善蒸还应邀去过湖南长沙的思贤讲舍做过教习，可能和李凤苞、郭嵩焘等交集有关，但具体细节不详。思贤讲舍是由广东巡抚郭嵩焘于清同治十二年（1873）创办，1914年由刘人熙改为船山学社，1921年毛泽东在这里创办了湖南自修大学。

沈善蒸在三十多年从教生涯里，培养了大批数学人才，他曾为学生龚杰的《读句股六术》作过序。教学之余，还在《格致汇编》《新学报》等刊物上发表过多篇科学讨论文章以及算学课题，可见他对科学知识的孜孜不倦。他的专著《火器真诀解证》，针对李善兰《火器真诀》算炮命中之法只有结论而未证其理之缺憾，进行逐款详证。被后人称为火器专家。沈善蒸于1903年因病去世，享年五十九岁。

这里顺便交代一下沈善蒸两个弟弟的情况。大弟沈善孳（1849—1893），庚申之难时，随祖母曾避难到金华，难定后回到家乡，在从叔沈宝樾、从兄沈善兼（达三）的帮助下，恢复家族沈亦昌冶业，将产业拓展到大江南北。有承伟、承俊、承偀三子，都很优秀。承伟充俄使署书记官。承俊任驻法国、德国参赞，回国后担任京汉铁路长辛店机务处处长、京汉铁路管理局总务处处长等职，获三等嘉禾章，可能是沈氏家族中最早从事铁路工作的一辈。

他儿子沈亮在抗战时期曾是交通部驻河内的代表，女儿沈珏曾是沈昌的秘书。承偀候选州同知。小弟沈善养（1852—1907），有个儿子承瑜。又名瑢生，号子美。国立同济大学医科毕业，医学士；同德医科专门学教授。

沈承俊像　　　　　　　　沈承瑜像

《沈承瑜自述一百十四韵》手迹

1919年，沈承瑜作为遣送德、奥侨民返国随船员，考察了荷兰、比利时、法国、瑞士各国医务。后任平绥铁路丰镇医院院长，浙江省立医药专门学校教授，杭州市卫生委员会委员，浙江省警官学校卫生课主任，京沪、沪杭甬铁路杭州医师等职。获授过七等嘉禾章。沈承瑜女儿沈家茂，是沈昌做的介绍人，嫁给了义乌骆美轮。所以在1937年抗战时期，沈承瑜一家和汤国梨一家逃难时，在义乌骆美轮老家碰在了一起，沈承瑜还帮汤国梨大儿媳接了生。这是章太炎的第一个孙子，为纪念在义乌所生，起了个乳名"乌团"。笔者曾收到过他后人寄来的《自述一百十四韵》，沈承瑜曾在新中国建立之初写下："红军长趋到，解放庆连连，国号重新立，五星旗挂竿……"

其他堂门兄弟，因家大族繁，这里不再赘述。

父亲沈纮

沈昌父亲沈纮（1873年6月9日—1916年9月12日），是沈昌祖父善蒸唯一的儿子。本名沈承怿，字昕伯，又字忻伯、欣伯。是前清廪膳生。

从现有所掌握的资料来看，没有找到沈纮少年时期的学习经历。1898年，沈纮二十五岁时，进入罗振玉在上海开办的东文学社学习，与王国维、樊炳清成为同学。上海东文学社是由吴县蒋黼、溧阳狄葆贤、钱塘汪康年、山阳邱崧生、上虞罗振玉等人发起创立的。按照当时《东文学社社章》，凡精通中文，十五岁岁以上、三十岁以内的学生都可申请入社学习，学费每

人每年需出修金二十元，对贫困生不能出修金的，经人担保也可入学，但学成后，必须在社从事翻译工作，以译资酬学费。

罗振玉曾回忆：创办之年正是百日维新（戊戌变法）这年，所以他们碰到了办学经费的问题，中途辍学的有三分之一。罗振玉为了不让王国维、樊炳清、沈纮这样的高材生辍学，自己举私债充实校费。一年之后，沈纮、王国维他们就能将社中所授的外文教科书翻译成国文，这些书籍付印出版后，十分畅销，从而缓解了东文学社的办学经费。沈纮与王国维同为一郡，又都勤奋好学，深受罗振玉器重，逐渐成为农学会以及后来教育世界社的中坚力量。

东文学社的创立，为罗振玉发行的《农学报》培养日语人才。沈纮早期的译介活动，主要集中在《农学报》和《教育世界》杂志。《农学报》是罗振玉于光绪二十三年（1897）在上海创办的，是我国最早的农学期刊，也是我国最早的专业性科技期刊。梁启超为之作序，郑孝胥题写刊名。现在能查到沈纮在《农学报》上所译的农学类科技文章有五十多篇，所译的书籍大部分是日本人的原著，也有欧美籍经日译后重译的。沈纮的农学译作内容涉及了种植、畜牧、蚕桑、林业、肥料、农业章程、农产品加工、人物传记等多个领域。为当时我国了解国外农业先进的知识和技术，发挥了重要的作用。

《教育世界》于清光绪二十七年四月（1901年5月）在上海出版，是我国最早的教育刊物，由罗振玉发起创办，沈纮、王国维先后任主编，至光绪三十四年十二月（1908年1月）停刊，共发行一百六十六期。《教育世界》自创刊之初至1904年

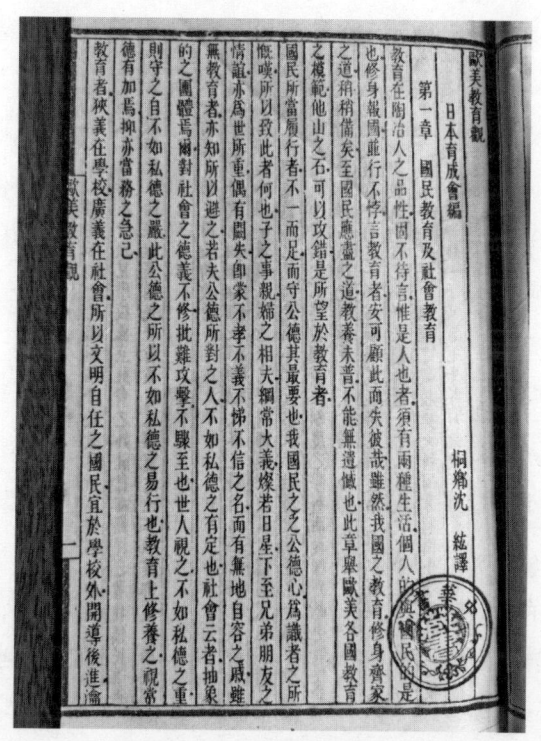

沈纮译作《欧美教育观》

期间,因张之洞再三邀请罗振玉至武昌任农务局总理,沈纮受罗振玉之托,管理报馆事务。沈纮除了翻译农学类著作外,还有一批教育类译著。大部分是集中在教育理论、教育经验介绍和一些学校的规章制度、管理条例等,刊登在《教育世界》上。从 1904 年第六十九期开始再由王国维任编辑。

该刊对近代中国教育理论和教育事业发展具有积极的影响。刊行之初,只有文篇、译篇两专栏,偏重译述。其后,在第六十八期《教育世界》中,作为编者的沈纮又提出三项宗旨:"一、引诸家精理微言，以供研究；二、载各国良法宏规，以资则效；三、录名人嘉言懿行，以示激劝；若夫浅薄之政论，一家之私言与一切无关教育者，概弗录。"

此外，沈纮还翻译过工业类和法律书籍。其中他在1901年翻译了日本伊藤博文的《日本宪法义解》，被誉为开启了民间翻译宪法典之风。

光绪三十一年（1905），沈纮赴法国学习，那年沈纮已三十二周岁，儿子沈昌刚出生五个月，可见他对知识的渴望。紧张的学习之余，他仍不忘自己曾编辑过的《教育世界》。为了尽可能向国内介绍法国的教育，沈纮在赴法学习的当年就向《教育世界》寄来了译稿《法国小学郡议会制》等。后来又翻译了《法国教育杂谈》《法国公学课目》《法国教部改制令》等几十篇介绍法国教育的文章。从他的《游学琐记》里了解到，沈纮还研究过欧洲的人口、地理、政治制度、党派、风土人情等。1906年清政府派使团前往法国考察，沈纮还受刘星使的嘱托，帮助使团翻译了《法国印件律》等资料。翻译之余，沈纮感叹法国对言论、立会限制极严。在法期间，沈纮是中华会馆会员。不过，一向节俭的沈纮看到年会宴席上用了鱼翅，后凡宴会，一概不到，自称"非故立异，实缘无暇也"。民国初年，外交部曾征召沈纮为司长，为了完成在法国的学业，沈纮没有答应。

沈纮与罗振玉、王国维、樊炳清交游深厚。即使沈纮在法留学期间，也有书信来往。为了帮助罗振玉了解法国人伯希和探究敦煌藏经洞的秘密，沈纮曾将伯希和敦煌得宝后重来中国、接触罗振玉等学者的感想演讲稿，译成《伯希和氏演说》寄给罗振玉，罗振玉将它收录于《敦煌石室遗书》之《流沙访古记》：

> 同伴先归，所得之物大宗随之，余则视印度支那如故乡，睽隔多年，亟欲知彼中人事之变迁、学界之动作，乃往河内，留四月，复来中国，为购书也……巴黎图书国库支那书籍为十八世纪教士所搜集，甚不敷用……乃于北京、南京、上海三处买印本书约三万册。至是，邦人委托之事一律报命。正欲回国，而敦煌得宝之风声藉藉传播。端制军（端方）闻之扼腕，拟购回一部分；不允，则谆嘱他日以精印本寄与，且曰：此中国考据学上一生死问题也。制军人颇殷勤，屡次接见余，礼有加焉。至北京，行箧尚存秘籍数种，索观者络绎不绝。诸君有端制军之风，以德报怨，设盛宴邀余上坐。一客举觞致词，略云：如许遗文失而复得，凡在学界，欣慰同深。已而要求余归后，择精要之本照出，大小一如原式，寄还中国。闻已组织一会，筹集巨资，以供照印之费云。此事余辈必当实心为之，以餍彼都人士之意。

在法期间，沈纮还与王国维书信来往探讨诗词。在王国维的《人间词话》中有对沈纮所作《蝶恋花》的评价：

> 余友沈昕伯自巴黎寄余《蝶恋花》一阕云："帘外东风随燕到。春色东来，循我来时道。一霎围场生绿草，归迟却怨春来早。锦绣一城春水绕。庭院笙歌，行乐多年少。著意来开孤客抱，不知名字闲花鸟。"此词当在晏氏父子间，南宋人不能道也。

词中沈纮写下了自己只身一人独在异乡的孤独，在怨春来早的情绪之中流露了对家乡的回忆和眷恋，充满了浓浓的思乡之意。王国维认为沈纮此词具有北宋晏殊、晏几道父子的风味，这样的词是"南宋人不能道也"，着实是对沈纮国学功底的评价。沈纮与王国维关系不一般，1916年2月11日王国维在致罗振玉的信中就提及了要向沈纮租房子的事："昕伯处尚有三楼之底屋一所，至今未租出，月租二十九（二月起租），拟向尧香（张尧香）定之，数日内即可搬入。"

沈纮在法留学时，生活极为简朴，学习用功刻苦，他去世后，当时的留欧学生监督向教育部申请表扬沈纮事迹。在其呈文如下：

指令留欧学生监督表扬沈纮仰候核办文（第二百二十八号）五年十一月二十日

呈悉沈纮勤学病故，深可悼惜。该监督所请表扬一节仰候酌核办理。此令。

附原呈：

为敬呈愚见，请赐鉴核事窃查沈生纮病故各节，业已另文呈明。查沈生系浙江桐乡县人，据调查表所载系三十七岁，广东官费生。至欧已十有二年，初入中学预备，后入巴黎法科大学，潜心研究，授法学博士。毕业后又研究理科，系预备后年考试理科博士学位。乃竟不幸猝然病故，以致未能达其所愿，深堪悼惜。

查该故生平时闭户读书，不与外事，在巴黎繁华之地，仅租陋室一楹，攻读寝馈，均在于此，其一种节衣缩食俭苦

第一章 柞溪祖泽

之况,实为他人所难堪。监督于该生入殓时,亲往寓所,目击情形,殊为痛悯。数年以来,该故生节储留学之费,竟达二万佛郎,而其购买书籍颇多,则又毫不吝惜。该生此次猝然逝世,医生未能断言病名,监督以为,该生过于用功刻苦,以致形骸枯瘦,未始非夭寿之大原因。监督拟请钧部为之表扬,以慰志士之魂,谨举所知,以闻是否,有当敬候裁夺,谨呈。

1916年11月21日民国教育部表扬沈竑的指令

当时的教育总长范源濂在得知沈纮的事迹后,还为其写了一首悼词,对其事迹详细叙述。该悼词发表于1917年《教育公报》第十期上:

生毓秀桐乡,远游欧海,十有二年,已得法京巴黎大学法学博士学位,犹复精研理科,以广其业,积瘁在躬,忽焉以殁。年甫三十有七,哀哉!巴黎华糜,入者眩惑,生独摒绝外缘,潜修己业,学资收入,广购图编,更以省缩,累计盈万,难矣。源濂忝长教育,深用敬悼,乃摘笔述意,为之辞曰:

谨瑜琢磨,乃发奇光,凤鸾腾跃,思入九间,其行蹈蹈,其学恢张,哀我哲士,来者之坊。

林子勋在《中国留学教育中(1847—1975年)》中提到:"我留法学生生活,至为刻苦,而勤奋有加,沈纮即为一例。沈生于民国五年因勤学病故。"沈纮于1916年9月在法国逝世,因为战事,其灵柩和遗物才于1918年运回国内。王国维在1918年3月24日给罗振玉的信中写道:"今日与抗父(樊炳清)往送昕伯之丧。此次代公作换联一,又自作一。"沈纮去世,遗体运回家乡,王国维、樊炳清等同道一起前往炉镇吊唁。王国维还写下两副挽联:

问君胡不归,赤县竟无干净土;
斯人宜有后,丹心喜见凤凰雏。

——代罗振玉挽沈纮(昕伯)

壮志意何为？遗著销烟，万岁千秋同寂寞；

音书凄久断，旧词在箧，归迟春早忆缠绵。

——挽沈纮（昕伯）

从中可以看出王国维对同窗旧友离世的感慨和惋惜，同时也表露了王国维对沈纮在法十二年，遗物运回时"无只字笔迹"的疑问，又勾起了沈纮寄给他"旧词《蝶恋花》"往事的回忆。

沈纮灵柩运回后，葬于桐乡县炉镇乌桥头（今桐乡市乌镇镇金牛村乌桥头）。

母亲高氏

沈昌母亲高颂华，清同治十三年（1874）九月二十九日出生，是秀水（今嘉兴）高宝铨的大女儿。高宝铨是光绪十八年（1892）进士，翰林院编修高宝銮的兄长。从小攻读儒家经业，是清岁贡生。祖上以酱业起家，为人精明强干，乡党宗族都很倚重。清光绪末，嘉兴创立商会，被推举为总理。精通文史地理，号称舆地专家。

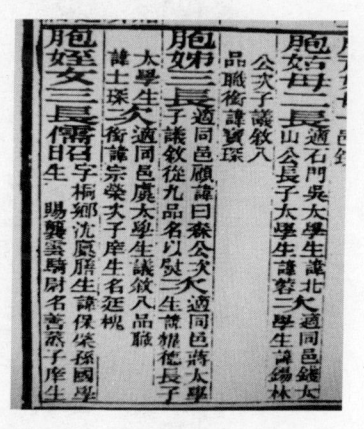

高宝銮硃卷

据光绪十八年（1892）高宝銮的硃卷记载，嘉兴马泾港高氏是于明季由桐乡祥侯迁居马泾港之高家桥（现嘉兴市秀州区高照街道），始迁祖叫子仁。高宝銮的砾卷里也能找到高颂华家的记载："胞兄宝铨，廪膳生，光绪已卯辛卯两科试荐卷。著有《春秋地名集》《说史记》《匈奴图说》《汉书西域图说》《唐书外国图书》《元秘史说》《地元史通释》。胞姪儒渊、儒沧；胞姪女三，长儒昭，字生。适桐乡沈廪膳生讳宝榮孙，国学生赐袭云骑尉名善蒸子，庠生，名承怿。次儒韫，字待。三儒晖，幼。"这就厘清了沈昌母亲的家世，原来她谱名叫儒昭，字生，家里还有两位兄弟和两个妹妹。

高颂华与她的孙辈们。抱着外甥沈君山，左一君山妹妹咪咪，前坐地者鼎鼎，右一孙子沈学潜，右二孙女沈学洵。

第一章 柞溪祖泽

据《嘉兴马泾高氏族谱》记载,高家始祖地是桐乡祥厚,就是现在乌镇镇的翔厚村。高家在祥厚时,早初还是靠种田养蚕为生,因为看到当地农民日常喜欢酱油、腐乳等调味品,高家就开始做起了酱园生意,开始只是挑着酱料、酱菜担去村庄叫卖,不承想生意越来越好,自己也有了制作酱料、酱菜的作坊。由此挖到第一桶金,财富越聚越多,便在祥厚购置田地百余亩,成为了当地的大家族。后举家沿运河迁到陡门马泾港置业,酱坊越开越大。高家在陡门塘北好做善事,乐于帮助乡亲,救济贫民;乐于做造桥铺路的公益,现在陡门塘北马泾港还存有高家石桥。康熙年间,高家在新塍镇开设高公兴酱园作坊,专门生产酱油、黄酒、白酒、腐乳、糟蛋等,产品非常受欢迎,不仅供应嘉兴本地,还远销上海等地;后来又在嘉兴市区开了高公顺酱园,在桐乡乌镇开设高公生酱园。

高氏家族从商发迹之后,读书人也多了起来,家族里考取进士、举人的不少,生意也越做越大。所以,家族中除了到外地做官的,大都又从陡门迁到了嘉兴城西门内。到了高颂华父亲这辈,高氏家族已是士商相济,在嘉兴城内也是赫赫有名的大家族了。至今在嘉兴还保留着高家祠堂、高家洋房等各级文物保护单位,其中高家洋房主人高仲兰,就是

《马泾高氏家谱》

沈昌母亲高颂华的同门堂弟。硃卷名高如澧，生于光绪辛巳年（1881）十一月初十，字笏绅，号仲兰，又号颂莱，是光绪癸卯年（1903）举人，高如澧的硃卷称高颂华父亲为堂伯叔。高仲兰留学于日本法政大学金融专业，回国后建起现在在嘉兴紫阳街上的高家洋房，现为浙江省省级文物保护单位。

现年八十五岁的高氏后人，高宝辛曾孙高之熊说："他们家的家谱已有三百多年历史，是从桐乡迁至嘉兴。祖业是酱园，曾在嘉兴、新塍、乌镇开设过高公兴、高公顺、高公生、高公升等酱园。"民国时期的高氏家族，还是商业储蓄银行、枫泾布厂、嘉兴禾丰造纸厂的最大股东。高之熊出生后四个月，日寇侵华，嘉兴沦陷，全家就到乌镇外婆家避难。又遭土匪张鹏飞绑架，后全家迁居上海张家花园。十五岁时，祖父去世，在秀州中学读书的高之熊接管了高氏在新塍、乌镇及嘉兴的所占的股份，直到二十一岁。高之熊在1981年还曾来乌镇收过高公生酱园最后一笔股金本金利息。

高颂华就是出生在这样的进士及第之门，士商之家，从小在家接受私塾教育，熟读"四书五经"，爱看小说、诗词，好读"四大奇书"。用沈蓓的话来说："娘娘那个大肚子里装的学问，许多上过学堂的男子也不见得能与之一比高下呐！"她从小拒绝绕小脚（裹足），年轻时曾是秋瑾的追随者，提倡女权；还参加过由章太炎、陶成章领导的光复会外围组织浙江旅沪学会，发起成立了"妇女保路会"，跟着汤国梨参加保路拒款运动，她们经常在愚园、锡金公所讲演，宣传保路拒款，最后迫使清政府废约。

高家与沈家，同属嘉兴府，又是书香之家，算是门当户对，而且早有联姻。沈昌的祖姑母就嫁给了高家宝钊,两家本是亲戚。高颂华比沈纮小一岁,郎才女貌,也很般配。丈夫沈纮是十足的书呆子,以至于结婚那天,发生过一件趣事,在沈家流传至今:在举行拜堂仪式时大家竟然找不到新郎。原来这天新官人沈纮衣服换好,一看时间还早,就躲进书房看书。这一看,竟然把结婚仪式的事情忘了,可见他看书时有多么投入。

嫁到沈家后,为支持夫君沈纮高远的志向,不拖后腿,高颂华一个人承担了家庭的管理。丈夫在儿子沈家蕃(沈昌)出生五个月时,就赴法读书,她一面抚养四个子女,一面对家政进行大刀阔斧的改革。为了节约家庭的日常开支,她辞退了许多闲杂人员,一切账目亲自过目,精打细算。她省吃俭用,一家大小的穿戴,大都由她自己打理。尽管生活过得很辛苦,但高颂华在与丈夫通信中从来是报喜不报忧,好让在法国巴黎读书的沈纮安心完成学业。

她用一生心血培养孩子,儿女一到学龄,哪怕再难,都努力创造条件,让孩子进最好的学校。特别是丈夫在法病故,她含辛茹苦把四个子女都培养成为大学生,其中两个还留了学。她生性宽厚,有一副热心肠。家族上上下下,叔伯妯娌,她都极为照料。家中有位短视失明的姑姑,失明后靠她照顾。沈家鹤曾回忆,堂侄小辈们都叫她雨伯母(姆妈),是一位极能干又极善良的长辈,沈家鹤兄妹父母早亡,高颂华对他们兄妹就像亲生儿女一样。沈蓓曾听四房姑姑岑伯说她娘娘:"她就像一只老母鸡,恨不得把所有的小鸡全撸到她肥肥的身体下面。"真是将母性的光辉发挥到淋漓尽致。

对于家中唯一的男孩沈昌,受母亲的宠爱是一定的,用她的话来说,孩子是宠不坏的,作为母亲,对孩子只是爱。但在国家命运、民族前途面前,高颂华又放手让儿子自己去觉悟。沈昌后来因参加"五四运动"被学校开除,高颂华也没有什么责怪,只是默默地为孩子寻找另外的学习路径。沈昌离开上海去北平任京绥铁路局局长,她还要物色两位本家叔叔去辅佐,足以看出一位母亲的用心良苦。

1942年1月22日,高颂华因病逝于上海家中,葬于上海虹桥公墓。沈昌因在西南抗战前线,不能回上海送丧挂孝,就在昆明小石坝家中设了灵堂,为娘守孝三天。

姐弟情深

沈昌有三位姐姐,从小在母亲男女平等的意识下,个个进入学校读书,而成绩出众。沈昌曾回忆小时候:"自己学业成绩很坏,评语常为丙丁,我的姊姊却都是甲乙。我常常拿了修业文凭哭着回家,我的祖母反而不责备我,说我知道羞耻,将来一定会上进。"三个姐姐对这位小弟弟肯定是宠爱有加,差不多把他奉为小皇帝。所以,当沈昌进入中学读书,要周末才能见到几位姐姐时,老觉得不适应。他第一晚独宿在南洋公学校外宿舍时,用"真的何等凄凉"来描述心境,想念起他与慈母爱姊相依的日子,只因沈昌从小没有一天同时离开过她们,真可谓姐弟情深。

大姐沈骏英(1895—1966),谱名家荃,字巽。毕业于浙江湖郡女学,曾是《女铎报》的撰稿人,翻译家。是美国传教士

第一章 柞溪祖泽

贝厚德（Pyle，Martha E. 1865—1959）的助手，独身而终。

沈氏全家福。后排右一何宛方、右二沈昌、中沈骥英、左一沈宗瀚、左二吴朝仁。坐凳者右一沈骏英、中高颂华、左沈骊英。沈昌前站者沈学潜、紧靠沈骏英的是咪咪、左是吴中、高颂华抱着的是沈蓓、左是沈君山、沈骊英抱着的是茵茵，前面坐地者左是吴宁、右是学洵。

有关沈骏英的资料不多。1916年她在《文星杂志》上发表过《嘉兴新年风俗记》，介绍了嘉兴过新年的习俗：岁暮悬祖先之像于堂，设馔以祀之；嘉兴人年夜饭不烧汤；年三十守岁讲故事、唱歌；初一不煮饭；初三祀龟神；初五祀财神；初六之晚祀祖先后撤像；初七称人；十三灯朝开始；十五吃粉制元宝，等等。说明她对嘉兴非常熟悉。同期发表的《丙辰春假游西湖日记》，则是她与母亲、姑妈、堂妹一起，从上海前往杭州游览的游记。凭吊岳墓、秋瑾遗阡，西湖泛棹，平湖秋月垂钓，西湖的人文自然在她笔下情景怡然。文章的附识介绍沈骏英的文章得益于函授国文专科学校课艺，称赞文章朴茂翔实，因文见事，可资雅谈，足引清味。她还于1929年在《女铎》上发表过译作《不幸之幸》；1930年在《电工》上发表过译作《海佛仙之境遇》。沈骏英，因高度近视，又没有成家，所以沈昌一直把这位大姐带在身边照料。民国二十一年（1932），沈骏英曾任铁道部购料委员会三等事务员；抗战时期，她在昆明时还捐款一万元，在云南大学设立"沈骏英氏奖学基金"。沈昌去世后，她也一直与沈昌夫人和孩子生活在一起。

二姐沈骊英（1898—1941），谱名家骊，字丽。民国十年（1921）毕业于上海神州女中，是张默君、叶楚伧先生的弟子；后去苏州振华女校任教三年，深得校长王季玉先生的倚重。民国十三年（1924）春，有位隐名的美国女教育家想选拔一位中国女子，资助到美国麻省韦尔斯利女子大学读书，最终沈骊英被选中。民国十三年冬，沈骊英进入燕京大学补习，并担任《燕大周刊》编辑部副部长。民国十四年八月十七日，沈骊英离开中国，前往美国留学，在韦尔斯利女子大学研究植物学，当时与谢冰心是同学。在美就学期间，沈骊英有一次听教授介绍世界科学家之姓名、国籍，中国独无，感触极深，遂立志献身科学，报效祖国。在韦尔斯利女子大学，沈骊英学习勤奋，取得优异的成绩，每学期成绩均立优等。她的毕业论文《木槿之受精作用及色素遗传》更受教授器重，毕业之年取得理学学士学位。

第一章 柞溪祖泽

沈骊英遗像

沈骊英虽然只是在燕京大学补习，但对燕大感情很深。1926年8月14日，沈骊英还专门给燕大通信，报告燕大在美师生情况，对如何办好《燕大周刊》提了建议。当得知母校一女同学因请愿而被伤致死后，沈骊英感到无比痛惜，她立即回电母校痛悼死者，慰问生者。还捐集百金，汇寄母校。

沈骊英在韦尔斯利大学学习时，收到母亲的来信，内附父亲遗笔："嘱以子女一人学农，研究粮食生产，经继其志。"母亲的意思是把父亲要求子女中有一人学农的遗愿由沈骊英担当。为此，沈骊英于民国十六年（1927）及民国十七年夏季入康乃尔大学，跟随洛夫教授研习作物育种学。民国十八年秋，沈骊英取道欧洲回国，任苏州振华女校教务主任。在苏州振华女校，沈骊英与女校长王季玉女士相互配合，一起进行校务改革。

民国十九年（1930）10月10日，沈骊英与康乃尔大学同学沈宗瀚在杭州结婚。此时，沈骊英已调任浙江省建设厅农艺组技师。次年，该局改为省农林总场，后又改名省立农业改良场。沈骊英在省立农业改良场任职期间，选集了全省数万个稻麦单穗，举行单穗行试验，育成了若干个水稻小麦改良品种，奠定了浙江省稻麦基础。1930年《妇女共鸣》第36期专门撰文《中国破天荒之女技正——沈骊英女士为第一人》，文章盛赞沈骊英改良种子、救济民食的贡献，并感叹："观夫沈女士，吾女界可以兴矣！"

民国二十二年（1933），沈骊英任中央农业实验所技正，继续投入小麦杂交育种的研究，从未间断。即使是抗战期间，她携带着三个孩子，还有多年的试验记录和笨重的种子箱，辗转数千里，怡然忘其辛劳。当时，沈昌想雇一辆包车去接，被姐姐以"抗战期间一点油，就像国民一滴血"而婉谢。

沈骊英在中央农业实验所任职期间，先后在苏、皖、川、黔、湘、桂等地，进行了长达十年时间的育种试验，从世界一千七百个小麦品种中，选育出了茎坚、产丰、抗病力强的"中农二十八号"，比其他品种可增产百分之二十。沈骊英曾有《十年改良小麦之一得，杂交良种之育成》一文，总结了她继承父志、育成良种的经历。回忆中她身怀女儿沈达时，还下田劳作。1938年4月，沈骊英还受中农所指派，担任贵州省农业改进所农艺系主任，主持黔省的棉花推广。当时她刚在3月15日生下幼子飞飞，仍然下田记录，终因产后体弱，加之贵阳潮湿阴凉，留下双腿剧痛的后遗症。沈骊英以她"不为功名不为钱，成功愿把性命捐"的决心，一直奋斗在稻麦育种和农技推广上。她发表的二十二余篇著作,大半译载于英美作物育种和生物学杂志上,为各国学者所引证。

1941年9月,她腿疾复发,行走困难。中旬,农林部为推广沈骊英育成的杂交良种,专门核拨十二万元示范试验经费。沈骊英十分兴奋,坐着轮椅坚持到上班。10月7日上午,沈骊英仍然精神焕发地到实验所编制计划与预算分配表,并分函各省指示范试验方法。上午十时还与沈宗瀚和会计讨论各省分寄试验经费及工作人员的津贴,并只用半小时拟成了各省经费分配表。而当沈宗瀚进入沈骊英的研究室时,看到她已仰首在椅子上,失去知觉,急促地告诉沈宗瀚:"头晕,可以冷水抚头。"又说:"手足发麻。"接着就呕吐数口,痰塞气促,不能说话。沈宗瀚急忙将她抬至所内寝室,请来荣昌卫生院医师及家庭医生刘医师会同诊治,断为脑充血,至下午二时逝世。

沈骊英《小麦杂交育种法》

沈骊英去世后,新运妇女指导委员会、中苏文化协会妇女委员会、中国妇女慰劳总会、陕甘宁边区妇女联合会驻渝代表团等组织,以及史良、谢冰心、邓颖超、王敏仪、张默君等联合发起沉痛追悼,冯玉祥将军夫人李德全主持主祭并致词,冯玉祥将军亲临追悼会并演讲。各大报刊纷纷发表悼文,邓颖超在《新华日报》发表《中国妇女光辉的旗帜——沈骊瑛女士》,赞扬她

"是一位埋头苦干,努力精研,孜孜不倦,奋斗终生的最优秀的女科学家,又是一位克勤克俭、公忠爱国的女志士"。1942年5月15日,《科学杂志》以《万顷麦浪忆伊人》来纪念对女科学家沈骊英逝世的无比哀思,称沈骊英为是一代人杰,是民族的母亲,应该享受全中国人民的崇高敬意。

三姐沈骥英(1900—1976),谱名家骥,字引。曾就读于上海徐家汇天钥桥路的启明女校,1920年考入北京协和医学院,医学和妇产科专家。丈夫吴朝仁(1900—1973)是福建福州人,同是医学家,曾任北京大学医学院教授、医学系主任、第一附属医院院长、医学院副院长等。

协和校刊沈骥英介绍

关于沈骥英在北京协和医学院的表现,1927年协和医学院校刊上有如下介绍:

沈骥英。女士浙江杭州人，幼而聪悟，有神童之目。一九二十年入本校，机警敏捷，一时无出其右。治学尤负盛名，生数化理，曲折深邃，人畏其难，女士则标精揭采，如骊探珠，未尝或窘。公共卫生行政学理，人嫌其泛，女士则海阔天空，神马疾驰，视若无物，殆所谓大小精粗，无所不到，良堪钦巳。今夏毕业，教职员之湛于学术者，争相诱掖，俾成大器，前途光明，未可量也。

评价之高，着实让人羡慕！协和毕业后，沈骥英回到上海工作，1929年聘为上海特别市卫生局技士。后赴北平，担任保婴事务所所长。1935年辞去保婴事务所所长，回上海在同孚路开设私人诊所，兼任平民妇孺医院医生。平民妇孺医院是专门为劳工妇女和普通贫苦阶级妇女服务的一家慈善医院，接收的都是女工、车夫、小职员的妻子，只要是家庭贫苦的，都可以去就医。医院以服务为主，费用极少，贫苦者持单位介绍证明，就可完全免费，最贫穷的连饭费、住院费一律不收；但规定产妇在院住七天，初产妇女可住十天，由于免费，产妇们都想多住几天。

沈昌在西南时，在上海的母亲和小儿子沈元与沈骥英一家同住在一起，沈元在北京读书时，也住在东城区史家胡同19号这位姑妈家。1941年10月，抗战期间，沈骥英看到贫苦儿童流离失所，有的生下子女嫌养不活，就托医院送人，就与同事一起组建了一个托儿所，专门接收工人或者低级职员的子女。沈骥英工作的对象是平民、贫民，她的宗旨是为平民大众服务。

她曾说:"给达官贵族医病的人太多了,即使我也加入,也是万人之中加一个。"一个医学高材生,她甘愿以她慈爱、朴素、牺牲、无私的精神,鞠躬尽粹地为平民大众服务,彰显的一定是沈氏乐于助人的家风和沈骥英博爱的胸怀。

第二章 觉悟时代

童年就学

清光绪三十一年农历乙巳正月初二日（1905年2月5日）子时，沈昌生于上海高昌庙镇，谱名家蕃，小名昌，字立孙。

高昌庙在上海南门外的黄浦江边，七开间二进的小庙，原为迎春庙，因地处上海名乡高昌，老百姓都称其为高昌庙；同治

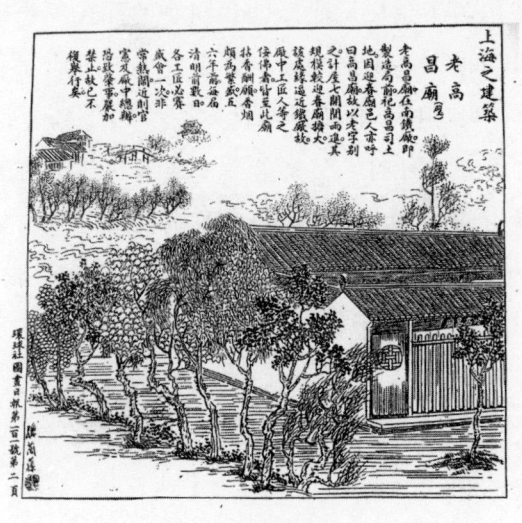

老高昌庙手绘图

五年（1866），僧慧朱重建时仍取名高昌庙。高昌庙由庙而市，在近代的崛起，与江南制造局密切相关。

洋务运动中，曾国藩、李鸿章于同治四年（1865）购下美商科而在上海虹口的祺记码头，设办制造西法军械局，后将原有的两个洋炮局并入，组建江南制造局；1867年，因嫌地方狭小，故迁至高昌庙，厂房面积扩至六里见方。江南制造局是清政府洋务派开设的规模最大的近代军事企业，在此诞生了中国第一台车床、第一艘蒸汽军舰"恬吉"号、第一门钢炮等无数个"第一"。与此同时，江南制造局翻译馆（处）则成为一块文化高地。沈昌祖父他们，在这里翻译引进大量科技书籍，出版了众多政治、法律、军事方面的社科书籍，对近代中国的有识之士产生了巨大的影响。

随着江南制造局落户高昌庙，这一带市镇建设迅速加快，居民聚落多达两千余户。沈氏就和同乡的徐氏、张氏等与上海的商绅们纷纷投入高昌庙建设，集资在此开办自来水厂，成立电灯公司，开设煤栈、轮船公司码头等。

沈昌出生五个月时，父亲就被清政府选拔为官费生，赴法国巴黎大学就学。在家里沈昌母亲拖着四个儿女，好在还有同宗家族的帮助。当时与沈昌家同住一处的还有堂叔承瑜他们。沈昌幼时，王国维曾给他写过一贴，上书："天马行空，一往莫遇，此何家宁馨儿也？"

沈昌七岁时，就上了离家很近的高昌庙民立幼童学校，女校长曾泽新。据《卢湾区志》第二十八篇第二章《小学教育》记载："光绪三十年（1904）曾泽新创办民立幼童学校于高昌庙车道旁。"民立幼童学校是上海最早的小学之一。据沈昌回忆:"这学校有很好的校舍,很美丽的花园,很仁慈的女校长,很热心的教员。在一个可爱的秋天早晨,我母亲送我进了这可爱的学校。我便做了这小学里启蒙班,即幼稚园的学生。"

沈昌在高昌庙民立幼童学校读了两年半书,回想当年的学生生活,有几件事让他难于忘怀,他确信在这所学校学到的不仅仅是知识,还改变了他的人生观。他记得在学校花园里,有一间很大的花房,冬天生火炉,同学们常常躲在里间取暖;草场之侧,有两只大石狮子,学生们常常骑在上面玩乐。他回忆,曾参加过两次运动会,有一次参与竞争赛跑,得了第一。校长高兴得竟然把他抱了起来,几个女客还分给他糖吃,小小的沈昌也毫无顾忌地和她们谈笑,这种群体活动不仅带给他快乐,还培养了他的组织协调能力。在他看来,日后敢于参与社会活动,着实是通过在学校训练得来的。他在高昌庙民立幼童学校的学业成绩并不出色,总比不过几位姊姊。每到期末,他常常拿了修业文凭哭着回家,祖母鼓励他说"知耻而后勇",将来一定会上进。所以,沈昌后来取得的好成绩,他觉得是祖母鼓励出来的。

1911年10月,武昌起义爆发,史称"辛亥首义"。11月3日,上海起义在闸北爆发,晚清政府为了保住上海规模最大、也最为重要的洋务企业——江南制造局,由制造局总办、李鸿章的外甥张士珩抽调炮兵入局助守。起义军组织一批敢死队冲出,最终在11月4日上午九时攻下制造局。民军攻克制造局时,小沈昌亲自为商团送点心,还叫母亲把头发剪了,又请姊姊写了"还我江山"的白旗,插在门上,以示支持革命。

1913年"二次革命",袁世凯指派郑汝成指挥的北洋军来上海疯狂镇讨,占据军事要地江南制造局,赶修防御工事。7月23日,革命军发起对江南制造局的攻击,北洋军用海军炮火抵抗沪军的进攻,江南制造局所在高昌庙一带又一次成为战区,大批学校、民房、商铺、工厂被毁。为了家庭安全起见,沈昌家被迫迁居闸北宝兴路广吉里。当时宝兴路一带属于宝山县,还刚刚被开发,市廛未盛,居户寥落。后来,工厂、学校、车站纷纷建成,市廛快速繁盛。1925年1月,中共四大就在这里召开。

搬到广吉里之后,沈昌便转入尚公小学读书。尚公小学,由上海商务印书馆创办,校址原在美租界文监师路,后商务印书馆印刷所、翻译所新迁闸北华界宝山路。校董夏瑞芳提出宝兴路一带刚刚开发,将来一定繁荣,机会难得,在其他校董反对的情况下,夏瑞芳毅然在宝兴西里租屋将尚公小学搬了过来。尚公小学刚迁到宝兴西里时,还是租房子作校舍,先租四幢后增至八幢。随着学生越来越多,校舍越发紧张,二百九十多名师生挤在八幢旧楼里,学生做体操要到商务印书馆翻译所怪园,往来八百步,遇到阴雨天路面积水,十分不便。1915年春,校董高凤池、鲍咸昌、张元济、高凤谦等在宝山路购地,商务印书馆董事会决议拨银万两,建造新校舍,于当年十二月落成。新校的设备比较齐全,有露天操场、雨雪操场、会场、图书馆、小卖部、摄影室等,并辟有园艺基地,供学生种花、植树,作自然科实习用。其他如理化仪器、标本模型等也样样都有。学生的课外活动也很丰富,有学生会组织,每学期组织一二次运动会,并经常举办文艺演出。

尚公小学以"留意儿童身心之发育，培养国民道德之基础，并授以实用之技能为宗旨"。学校设初等、高等五个年级，教学全用白话文。初期只招收馆内职工子弟，后来面向社会招生，学生逐年增多。据民国八年（1919）《时报·教育周刊》刊登的《尚公小学校之实况》一文，该校学生已达四百多人。

时事：上海尚公小学旅行

课程设置，初等小学为修身、国文、算术、体操、手工、唱歌，三四年级添设图画、英文；高等小学加授历史、地理、理科及商业。课本均试用商务印书馆自编教材。教学内容注重实用，授以生活必须之知识技能。教学方法以启发与输入并用，重视培养学生社会活动能力，成立学业研究会、体育会、讲演会、少年书报社、讲演会、学生新闻社、假设通讯社、美术研究会等学生活动组织。

第一天去尚公小学读书，沈昌记得是叔叔送去的。因为沈昌家刚搬来转到尚公读书，还不认得上放学的路，不能独自回家。叔叔便请学校安排为他请一个同路的同学送回家。所以，上第一节课时，教国文的朱先生便问全班："你们有住在宝兴路上的吗？你们有谁认识广吉里的吗？"当时约有五六位同学举手，朱先生就选了一个年长同学，托他送沈昌回家。中午放学午饭时，这位同学便陪伴沈昌同行。可到了里口，沈昌又说不清楚弄数号数，幸亏这位同学一户一户挨着打听，直至送沈昌到家会见了他母亲才离去。沈昌后来回忆，这件事非但使他全家感激，而且使他体会到同学之间的友爱，树立了热心助人的志向。这是他立志发奋为善、乐于助人的起源。

尚公小学每星期三开演说会，由学生演说，一般老师会指派高年级学生为演说员。有一次沈昌偶然兴动，临时加入，便以"墙上日历"为题，其中有两句："日历如此一张张消去不久便完，有如人生一天一天过去也就不久完了。"教员便大加称许奖励，从此沈昌便差不多每次都会参加演说；后来又当辩论会的辩论员，他的口才就是从小训练出来的。

尚公小学有个图书馆，管理员由学生自治推荐轮岗，沈昌爱看书，三次被推为管理员。图书馆的书籍，沈昌最爱看的是《少年》杂志、《儿童教育画》，后来《学生与少年丛书》是他的最爱。沈昌还被推荐担任过学校新闻周刊的编辑，还与谢寿长等筹办过一种课余周刊。

在尚公，校园里打扫卫生，管理花木，参加自治会，到小工厂帮助，沈昌样样竭力奉公，主动参加。

尚公小学有很大的操场、很好的玩具和各类运动器材。教员和蔼可亲，常常和同学在一起玩耍，虽然上课时极为严肃，下课时竟不分师生。沈昌记得同学们常常被教员背在背上，或把眼睛遮了，叫他捉迷藏。对于尚公教员，如教务主任朱亮先生、国文教员叶先生，沈昌没齿难忘。当时校长是庄俞，周越然、沈伯甫、郭绍虞、钱亚民、戴渭清、缪召予、陈景岐等都担任过尚公小学的老师。那时沈昌还加入了上海青年童子部当会员，又入上海童子军第二团为团员,渐渐与社会开始接触了,性格逐渐变得外向。

在尚公小学的学生生活,沈昌过得非常快乐,他常常是很早到校,很迟回家。但是,父亲客死法国巴黎,给了全家沉重打击,特别是母亲改变了原来对沈昌学习比较放松的态度,急切地要沈家这个独子提高成绩。所以就于民国六年(1917)下半年,命沈昌改入三育小学。三育小学是以德育、知育、体育为办学宗旨,故名"三育",校址在新闸路平江公所东隔壁,学校学制按日式分寻常科四年,高等科四年。学校对入学、退学、褒奖、惩戒等有严格规定,校长都为教育界有名人士。所以,该校学生成绩斐然卓著,优秀毕业生能保送南洋公学中院、圣约翰大学附中等名校,极受家长喜欢,都争着要将小孩送到该校读书。沈昌进入该校,虽然嫌三育小学生活枯燥乏味,没有尚公小学那种活泼的氛围,但沈昌似乎也懂得母亲的良苦用心,更加拼命读书,不问他事。所以,沈昌在三育这段时间,国文、英文长进很快,算术进步惊人!

多舛中学

1918年秋,沈昌考入赫赫有名的交通部上海工业专门学校——南洋公学中院。

南洋公学是在光绪二十三年(1897)春,由督办盛宣怀奏派何嗣焜为总理,聘张焕纶为总教习。初借用徐家汇民房为校舍,设师范院考取学生四十名,于三月初六开学。当年秋天,增设外院，招生一百二十名。当时聘任美国人福开森博士为监院。光绪二十四年由福开森亲自设计并督造的中院大楼破土动工，历时一年，一幢三层楼砖木结构的西式建筑正式落成。建造中院的目的是用作中院学舍，故以院命楼，名曰"南洋公学中院"。一百多年过去了，这座大楼至今还矗立在上海交通大学徐汇校区，是上海交大最古老的建筑。1911年，在辛亥革命的高潮声中，唐文治宣布学校改名为南洋大学堂。1921年，叶恭绰任北洋政府交通总长时，将交通部所属三所高校（上海、北京及唐山）统一更名为交通大学。本校定名为交通大学上海学校，即现在的上海交通大学。

进入中学，校园的独立生活显然让沈昌有些不适应。从小一直与慈母爱姊相依，没有一天同时离开她们过。住校之后，只有周末才能会一次面，着实让沈昌有点想家。读小学时与不认得的人接触，完全是友谊的、游戏的性质。而中学校园生活，生活都要自理，与不相熟的人打交道，有时还要计较利害关系的事情，还有人情世故、交友处事让沈昌感到有点害怕。他第一晚独宿在南洋公学校外宿舍时，就感觉到孤独和凄凉。住了一段时间以后，虽渐渐和同学相熟，但没有慈母爱姊无私的爱，他还难于适应在校的独立生活。

南洋公学有很好的校园，很大的操场，有完备的运动器材、音乐器具，但学校过度强调体育锦标，大量资源被特长生占据，因此沈昌觉得没享受过半点来！南洋公学的教职员也不像小学老师一样，他们很少在课外与学生交流，更不会与学生一起游戏，有的老师连见一面都难。那时沈昌十四岁了，身体渐渐发育，自然生了"性"的观念。学校既无"性"的教育,同室年长的同学又日日引诱他走入邪路。沈昌坦言:"要不是我家庭监察严,自己好名心重,怕不即时坠落?"他常常替自己担心,胸无主见的青年,日行此危崖峭壁之上。有时夜间独自徘徊在虹桥路上烈士塔前,会暗中挥泪,咒骂人生之冷酷。自从家庭转入学校,有如出温泉入深山,此时的沈昌多么需要老师的安慰和关怀。

初入南洋时,沈昌因为接受了三育高小死读书的训练,学生生活过得安分守纪。虽然没有像在三育一样用功,但学期成绩报告常在七十分以上,还曾在"国文大会"上获奖,造成沈昌产生了怠惰自满、安于现状的情绪。

在南洋公学,沈昌热衷于社会活动,爱交朋友,而且关心当时糟糕透了的社会制度。1919年2月25日,他加入了南洋公学嘉兴六邑同学会,还被推荐为干事部部员。成立会上还决定创设会刊《檇李》,《檇李》为半年刊,主要介绍嘉兴的风土人情,以及将各学校的情况传送给家乡学子。其实,在南洋公学,早在民国元年就由姚懋邕、吴肇桢、周维全、江元嘉、张廷济等人发起,成立过檇李同乡会,本是为了联络乡情,后因活动不正常,会员相互疏远而停止活动。南洋公学嘉兴历年同乡有六十四位,桐乡籍有十四位,乌镇的沈学仁(能毅)、沈学文(彬史)、沈学洪(惟中)、严榕(荫武)等都是南洋公学校友。

本次南洋公学嘉兴六邑同学会成立,由钱天鹏、张敬忠、沈嗣芳发起,共有会员三十三名。在会员录里,沈家蕃(立孙),通信处是上海山海关路255号,显然沈昌家又一次搬迁过。另一位乌镇人是沈学谦(吉诚),就是沈苇窗的哥哥,通信处是台湾路37号。

那时，南洋公学还成立级会，沈昌与高尔松、高尔柏、金家凤、王振钦、许广圻等同年级同学，因为都有同样的思想，渐渐成为了最亲密的朋友，后来还结成同志会。上院的侯绍裘，这时因反对锦标主义的南洋公学与约翰比球，受到一般同学敌视。但沈昌、高尔松、高尔柏兄弟他们，却十分同情侯绍裘，于是也成为了好朋友。

这年5月4日，北京三千名学生上街游行，要求政府拒绝在巴黎和约上签字，痛打章宗祥，火烧赵家楼……消息很快传到上海，8日，上海各校学生代表开会推举总代表，去见南北议和代表和淞沪护军使，通电北洋政府要求释放北京被捕学生，并通电巴黎专使拒绝签字。11日，上海中等以上学校联合会成立，当日决议：组织学生义勇队，为万一之准备；组织演讲团，唤起同胞爱国心。学生的爱国运动，也激起了南洋学生高涨的滚滚热潮。学校迅速成立学生会，学生会又分为义勇队、演讲队、调查部和编辑印刷部。校园内张挂"共讨卖国！""罢免国贼！""拒签德约！""还我青岛！""换回国权，抵制强权！"等标语口号。学生会组织全校学生集会，通过开除章宗祥南洋公学的学籍的决议，并通电告知全国。

在这场爱国救亡行动中，沈昌与侯绍裘、恽震、金家凤、袁睿昌、高尔松、高尔柏等作为南洋公学学生会的骨干，经常通宵达旦，废寝忘食。他们策划罢课后的行动计划，起草宣言，拟写演讲稿，写标语，印口号，到街头演讲，个个精神饱满，神情激昂，好似有无穷的力量。

五四运动初起时,学生会成立的演讲团分成了六组,每组四至五人,沈昌是演讲团团员。沈昌、侯绍裘他们当时唯一唤醒民众的方法是露天演讲,后来发现这种肤浅的、靠一时刺激的方法靠不住。在一次演讲回校的途中,侯绍裘向沈昌、袁浚昌提出了开设义务学校的想法,大家表示赞同。于是,他们在1919年的暑期,向学生会申请,借了南洋公学校外宿舍两间房屋,创办了南洋义务学校。义务学校专门招收无力求学的贫困家庭青少年,完全是义务性质,各项费用全部由沈昌他们自筹,课程讲义都由学生会会员自己编写,不向学生收取一分费用。开办之初,教员只有侯绍裘、沈昌、袁浚昌三人,侯绍裘教常识、沈昌教国文、袁浚昌教英文,后来赵景沄加入教国文。他们办校的宗旨很清楚,就是"以教育成年之平民,灌输以人生所必需之常识,以养成其健全之人格,并使成为劳动运动中之中坚人物为宗旨"。其目的是宣传爱国思想,灌输国民常识,进而宣传社会主义,希望以教出来的学生为媒介,以一当十,以十当百,把社会主义思想传播出去,共同为社会主义效力。这也许是中国第一所培养工人阶级、宣传社会主义思想的学校,应该被写入史册。开始报名的学生只有二十多人,后来越来越多,最多时达上百人,茅以新和徐百揆还在河南路新瑞祥开办了第二义务学校。随后,各地学校纷纷仿效,在全国掀起了开办义务学校的热潮。

但是,到了秋季开学,唐校长以交通部有令,停止借用学校宿舍开办义务学校。侯绍裘、沈昌等又经沈叔达介绍,在虹桥路借了清华第二国民学校为校舍,继续开办。

1920年5月，义务学校又搬到了徐家汇镇天钥桥附近。当时只租到一个大课堂，学生晚上分两班上课，七至八时一班，八至九时一班。侯绍裘、沈昌、赵景沄他们又自筹资金，搭建了茅屋为学生提供校舍。为了办学经费，沈昌还在《南洋周刊》上发表了《设立学生兴国储蓄团刍议》，倡议学生每天省下吸烟、看戏、吃零食与水果的钱，加入

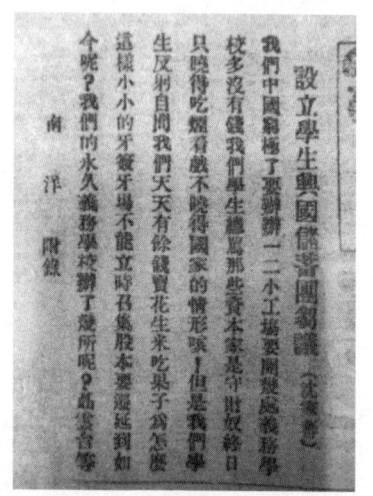

《设立学生兴国储备团刍议》

"兴国储蓄团"，创办学生工厂和国货商店，为义务学校开办提供经费支持。

沈昌还在《民国日报·觉悟》公开撰文，向南洋公学校长反对白话文提出质疑，驳斥了唐校长"文言高尚典雅，白话文鄙陋猥琐；白话文专为村夫牧童演说易于通晓而设；如草服卉冠，拱于礼堂之上"等泥古不化的议论。提出"一时代有一时代的文学"，支持胡适等"文学改良""国语的文学，文学的国语"的主张。

正当沈昌他们沉浸在办学、办刊的忙碌之际，却收到了南洋公学责令退学的通知。捏着通知上的所谓"举动激励，志不在学"，沈昌气愤填膺，对学校的决定不服，他拿着成绩单去找唐文治校长争论，要一个交代！直指唐校长开除他的做法动机不端正，所持的理由不正当。几次三番交涉之后，沈昌、侯绍裘、

茅以新、金家凤等被开除的同学也慢慢冷静下来，也知道唐校长开除他们，有他的苦衷，实在是当局的意见，是为全校大局起见，而非不满于他们几个人。况且他们志在为劳苦大众奋斗，志在推翻旧制度。

轰轰烈烈的五四爱国运动，不仅激荡着社会，还着实激起沈昌的爱国热情。那段时间，他日夜忙碌，参加游行、集会，演讲、印发传单，找场地办学，创办国货公司……后来回忆在南洋公学，自己参加五四爱国运动时，他直言："哪一次的游行不参加了？哪一次的集会不在座？西门市上喫了'丘八'的枪柄，龙华道上尝了跪哭的滋味。运动罢市罢工不算，还要想学荆轲张良。"

五四运动使得沈昌的人生得到了锤炼，还结识了恽震、侯绍裘、高尔松兄弟、金家凤等好朋友，使他对未来的生活燃起了热情。这让他认识自己是一个堂堂正正的人，应该为全人类、全社会谋幸福，他激发了他以后能专心求学，努力为"人"的动力。这也让他明白了世界上有种种不同的主义，种种复杂的问题，接触了新民主主义进步的社会组织，还让他认识到世上还有穷苦无告的无产阶级。

对于穷苦人，沈昌极有同情之心。他在三育小学曾有位叫朱鑽豫的同学，是江苏洞庭山西山上人，家里的生计很困难，但朱同学读书很用功，以全校第一名成绩毕业，与他一起考取南洋公学。可在入学体检时，查出得了肺病，学校不准他来读，那时朱同学气愤愤地走了。沈昌劝他说，你病好了总可以再来的。想不到一年半后，沈昌从他的表弟严隽琚处得知,朱同学已去世半年了。这件事,给沈昌带来了无限的悲痛和感触。朱鑽豫就是因家中经济拮据、无钱看病的缘故死了。他感叹道:"哎哟!你万恶的金钱,无穷的学业,杀死了我可亲可爱的朋友,能作能为的青年。"为此,沈昌还专门撰写了《朱鑽豫传》,分二期登载在当时的《新时报》上,以作悼念,同时也抨击了当时的社会制度。

《朱鑽豫传》

沈昌被退学,无论是家庭,还是他本人,都觉得没有书读可不行。所以,沈昌出了南洋公学,仍然去考南洋中学,竟然没有被录取。受了这大打击,他才彻底明白自己基础知识的欠缺,也明白之前忙于各种活动,确实也耽误了学业。于是他专心致志地补了两个月英文,将沈家蕃改为沈昌,投考约翰大学附中三年级,居然顺利录取了!

关于更名的事,沈昌有段自述:

> 我小名叫"昌",我家里人都叫我"昌",我自用也常是"昌",但学名却不叫"昌"。我当时一则因老名知道的人太多了,非把他改去不能下惟苦功。二则因为"昌"字笔划很简单。三则求友人称我,家人称我,自称的一致起见,便率然更名"沈昌"。却不然,这"沈昌"二字竟和南洋公学一位同学"沈昌"

完全相同。当时知道了不愿改,现在却欲改不能了!好在南洋"沈昌"君与我学业不同,志趣不同,将来事业想亦不同,终不至于有冲突的地方。我愿用最真诚的态度向南洋"沈昌"君抱歉,但愿南洋"沈昌"君切勿介介于怀,须知我若改名时便知道他,我决不用此名了!

沈昌更名入约翰大学附中后,便断然脱离一切社团,断然断绝许多朋友,断然废去许多杂志,专心致志地攻读英文、算术。曾经的好友侯绍裘、高氏兄弟等均不赞成他这种态度,金家凤更是痛骂他突然放弃参与新文化、新思想的运动。只有恽震理解他,恽震每星期给沈昌写一封长信,鼓励沈昌努力学习,沈昌每收到恽震来信时,都觉得受到一次洗礼。"他不来监督我,但我却受了他的暗示,努力用功读书,努力改善自己行为。他真是我唯一的益友,唯一的良师。"沈昌在后来回忆恽震时如是说。

《十年学生生活的回顾》

约翰是有名的富贵学校,其中又有沈昌家许多富贵亲戚,作为一个缙绅之家的独生子,穿戴举止都得跟上潮流与身份。极司菲尔花园内草地上,校内咖啡店里,以及星期六路旁长椅上,沈昌经常与许多同学聚在一起,穿着漂亮的衣服,吃喝着咖啡牛乳、饼干蛋糕,谈论些时下装束、戏剧的话题。好在恽震等几个好朋友时时提醒他,要把心思用在学习上,要做专心求学、有志上进的青年,不要去学纨绔子弟的奢靡生活。

在约翰,沈昌成绩快速提高,他没有读完代数,却能给同级学生指导几何;从没有写过英文作文,只练习了一个月,居然清爽可读;从没有进行过英语对话,练习了半个月,却能和外国教员谈说。第二次月考,就得了一个"verygood"的评语。

在约翰的短短几个月里,沈昌曾想筹建一个读书会。于是,他在《民国日报》副刊《觉悟》上发表评论《组织大规模的读书会的建议》。他设想用一年时间,召集会员一百人,每人每月筹集一元,开办费五元,可购书五百册以上。如果试办成功,会员就扩充至一千人,这样筹集的经费可购书五千册以上。如果会员满意,社会反响好,还可向海外华侨和国内富商募捐,五年内将购置书籍五万册,就可建立储书所,这是他最初要有个图书馆的想法。

出乎沈昌意料,建议发出十天,竟只有一位叫金雅丞的给他寄了赞助信。于是,他又在《民国日报·觉悟》发表评论《再议读书会的必要》。他从书籍是求知识的重要工具说起,给大家分析了文化运动迫切需要踏实读书,增长知识;中国历史上的藏书的传统;当今学校与公共图书馆的现状,列举了南洋公学图书馆只能在馆内阅读,不能外借,约翰大学缺中文书籍的弊端;以及合作购书、共同分享能实现阅读个人买不起的书籍等,再次呼吁大家加入,真难为沈昌这一腔热诚。

那年,上海伤寒暴发流行。在约翰读了三个月,沈昌不意患上了伤寒症,只好离开学校,回家休养。这一病就是三个月,便自然放弃了学校的学业。1921年春,病愈的沈昌因嫌约翰专教学生学一些英文文学,加之他不愿再过在约翰贵族似的生活,所以便脱离了约翰,考入南洋路矿附中四年级。那时沈昌不住校,是走读生,用他的话说:"是专借此混一中学毕业的资格。"这段时间他在家里补习各科,比学校上课用功,所以他和南洋路矿关系很浅,印象也不深。这年5月,沈昌由沈怡、恽震、邓仲澥、苏甲荣、左舜生等介绍加入了少年中国学会,诚然又燃起了他参加社团的热情。

民国十年(1921)7月,沈昌在南洋路矿附中获得了中学文凭,完成了他三年换三校,可谓是风云激荡、命运多舛的中学生活。或许正是这三年不平凡的中学生活,孕育了他爱国、进步、民主、科学的思想,确立了他为真理和正义而战的理想。

上下求索

1921年9月,沈昌如愿考入了刚成立的南京东南大学,是东南大学成立后的第一届学生。

东南大学坐落于南京鸡鸣山南麓的六朝古宫、明国子监原址,其办学历史悠久。早在三国吴景帝永安元年(258),这里

就置学官，令将吏子弟读书。晋咸康三年（337），晋成帝又建立国学。天监四年（505），梁武帝萧衍在鸡笼山（即鸡鸣山）麓下诏开五馆建国学。明太祖洪武十四年（1381）建国学于鸡鸣山阳，次年国子监成立。后来，明成祖迁都北京，北京别设国子监，就把南京的国子监称为"南监"。清顺治九年（1652），以旧国子监为江宁府学。清光绪二十八年（1902）张之洞取《尚书》"扬州三江之义"，创建三江师范。光绪三十一年（1905），当局以三江师范名称混淆不清，于是，江督周馥遂以总督之称两江，改称"两江师范"。民国四年（1915），设立南京高等师范。民国十年（1921），东南大学成立，郭秉文化校长。

1921年7月13日，教育部核准了《东南大学组织大纲》，8月24日至26日，东大预科、南高本科同时招生。同年，东南大学设文理、教育、农、工、商五科二十四个系，教职员二百一十余人，学生九百三十人，是民国经教育部批准的第二所国立大学。

进入大学，良好的学习环境，让沈昌尽情展示了自己的数学天赋，成为学校数学尖子。他曾在《学生杂志》上介绍自己学数学的经验。他告诉想学数学的同学，学数学要敢于尝试，就像第一次吃核桃、第一次吃橘子，不知道敲开，不知道去皮，哪能知道里面的美味。学数学要学得活，理解理论，多做习题，多比较分析是学好数学的关键。强健的体格、热烈的情感、丰富的常识是学好数学的保障。此文刊登在《学生杂志》1923年6月5日第十卷第六号上，文末记有："五月一日于南京东南大学。"他还在《学生杂志》第十卷第八、九号上连续发表了《或

第二章 觉悟时代

然问题》，与全国学生探讨。文末附有《投稿者小史》："沈昌，浙江桐乡人，东南大学学生。他今年才十九岁，从幼稚园入学起，直到大学，可以说完全是受新教育培养的。他现在正在研究数学，并善于交际。本志一月号上曾登过他的《十年来的学校生活》，读者可以想见其为人。"

沈昌毕竟是一位活跃的"五四青年"，东南大学又是新文化运动、马克思主义启蒙教育和少年中国活动的重要基地。他在学校完成学业的同时，积极参加社会进步团体。早在1921年5月，沈昌由邓仲夏、沈怡、恽震等介绍加入少年中国学会，当时南京分会书记杨贤江也曾是东南大学教师。1921年7月，全国"少年中国学会"第二次年会在南京召开，会址也曾选在东南大学，就在这次会议上，李大钊、恽代英、杨贤江等被选为学会评议员。所以，少年中国学会在东南大学很有影响力，这与后来少年中国学会总会迁至南京有很大关系。

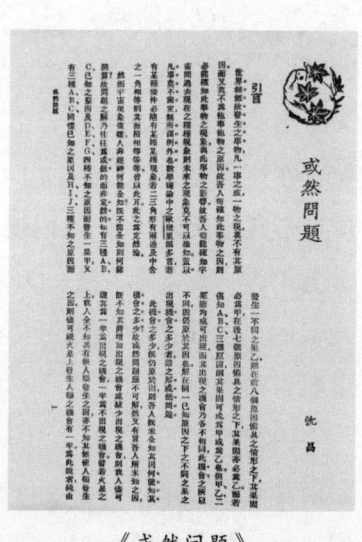

《或然问题》

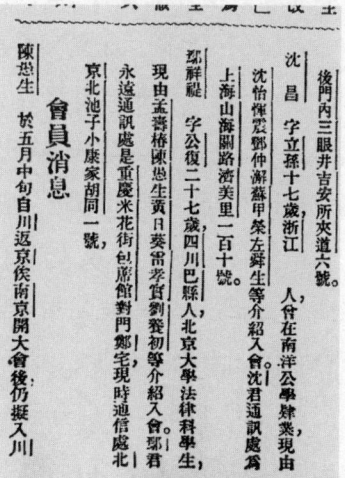

沈昌加入少年中国学会

在少年中国学会，沈昌着实是位积极分子。1922年7月，他患肺病刚愈，就往杭州西湖参加少年中国学会1922年杭州大会。这次会议会期两天。到会的有陈愚生、陈启天、杨贤江、曹刍、左舜生、朱自清、高尚德、沈昌、金海观、李儒勉十人。第一天主席是左舜生，第二天主席是陈启天。书记是朱自清、李儒勉。在这次会议上，通过了少年中国学会对时局的主张："对外反对帝国主义的侵略，对内谋军阀势力的推翻。为实现此种目的，本会用舆论及其他方法，为独立的活动，同时国内外任何团体，凡实际上能作此种民治主义的革命运动者，本会于必要时得与以相当的协力。"

1923年9月30日，沈昌在南京鸡鸣寺参加了少年中国学会南京分会会议。到会会员有杨钟健、曹刍、李儒勉、杨效春、倪文宙、沈昌、蒋锡昌、陈启天八人。沈泽民和段调元因有事未参加。杨钟健报告了北京年会之经过和会务各问题。

10月14日，沈昌又参加了少年中国学会1923年苏州大会。这次会议在苏州留园召开，会期一天。他与杨贤江、邓中夏、恽代英、沈泽民等共同主张，明确学会反对国际帝国主义的侵略；为打倒军阀、肃清政局、担倡国民自决主义；提倡民族性教育等九条具体纲领。会议发表了恽代英起草的，题为《求中华民族独立，到青年中间去》的少年中国学会苏州大会宣言。大会议决，总会因北京会员较少，宜迁南京。

11月1日，南京分会组织总会，公选陈启天、曹刍为临时正副执行部主任，沈昌为会计。

12月2日，参加在东大梅庵召开的少年中国学会南京总会第三次常会。到会者有曹刍、李儒勉、蒋锡昌、段调元、涂开舆、舒新城、沈昌、杨效春、倪文宙、吴俊生、陈启天等人。会议决定向会员募捐二千元以作预备金,推定涂开舆、舒新城、沈昌草拟募捐详细办法和计划书。

1924年3月,少年中国学会执行部拟请段调元、沈昌、左舜生为本会学款保管委员会委员。评议员陈启天、邓仲澥、苏甲荣、陈仲瑜、恽代英签署赞同。

7月7日至8日,沈昌参加了在南京召开的年会,出席会员有恽代英、杨贤江、左舜生、舒新城、谢循初、沈昌、曹刍、吴俊生、余家菊、金海观、陈启天等二十多人。由左舜生、谢循初、曹刍先后担任主席,会议经过激烈争辩,对苏州大会上通过的九条纲领中的两条进行了修改,最后发表大会宣言,内容有"为打倒军阀,肃清政局,提倡国民自决主义""反对国际帝国主义的侵略""反对现时智识界个人享乐主义,提倡坚忍刻苦的精神""提倡民族性教育""唤醒国民注意现实的政治经济及其他社会问题"等九条纲领。由全体与会者在修改稿上签名。

少年中国学会,集聚了当时全国青少年精英,他们以"本科学的精神,为社会活动,以创造少年中国"为宗旨,以奋斗、实践、坚忍、俭朴为信条。会员遍及全国各地,巴黎、东京、纽约等地亦设有分会。着实是五四时期影响最大的青年社团,当年北大校长蔡元培曾评价说:"现在各种集会中,我觉得最有希望的是少年中国学会。因为他的言论,他的行动,都质实的很,没有一点浮动与夸张的态度。"

少年中国学会中有许多共产主义者,并且担负着少年中国学会的领导任务，如李大钊、邓中夏、恽代英、毛泽东、杨贤江、张闻天、赵世炎、沈泽民、侯绍裘、高君宇等均是会员。从1924年起，少年中国学会内部思想分化，国家主义派势力抬头，陈天启还发表了《新国家主义与中国前途》的文章。张闻天、萧楚女等也发表了《从梅雨时期到暴风雨时期》《讨论国家主义教育的一封信》，来反驳国家主义派的主张。1925年7月在南京召开的年会上，沈泽民、张闻天代表共产主义者方面，提出会员应采取马克思主义，走社会主义道路，会员应参加政治活动，不应离开政治讲学术、讲事业。但遭到国家主义派的坚决反对，竟公开反对共产党，公开反对马克思主义，最终因为内部分裂严重而自动解散。

在加入少年中国学会的同时，1922年年底，沈昌还加入了由《学生杂志》编辑杨贤江发起，侯绍裘、赵景沄、高尔松、高尔柏、陈广沅、凌其恺、赵祖康、杨贤江、沈昌九人参加的"青年问题讨论会"。他们中七人是南洋公学的同学，都是沈昌熟悉的同仁。杨贤江是少年中国学会南京分会书记，在商务印书馆编辑《学生杂志》，1922年经沈雁冰、董亦湘介绍加入中国共产党。

这个"青年问题讨论会"，其宗旨是讨论关于青年学术、人生方面和其他切需问题。他们想为全国青年做个示范，希望其他地方的青年也能组织类似的会，来讨论青年面临的切身问题。比如，青年的求学问题、婚姻问题、服务社会问题、参与政治问题、选择职业问题、独立生活问题、中国青年与国际青年活动的关系问题，等等。他们每月讨论一两个问题，并在《学生杂志》上发表讨论文稿。

第二章 觉悟时代

自"五四"以后,有些学者都提倡青年不该谈政治,但沈昌他们这个青年问题讨论会,还是想通过讨论,让中国青年振作起来,树立一个正确的政治观念,不要太麻木、太萎缩。他们向青年提出:"中国是青年的中国,世界是青年的世界,将来的中国和将来的世界,与现代青年有密切的关系。如果青年时期对于政治毫不关心,那将来怎样愿付出一切?现时的青年,因对于政治太隔膜了,都缺少正确的观念。"大胆提出"黎元洪现在做总统是否合法""吴佩孚、陈炯明是不是中国现时好军人"这些敏感问题,还有"青年学生在寒假中应该做的""学生与学潮的问题"等。他们倡导青年学生,要利用假期深入到农夫、工人之中去,让这些贫苦受压迫的农夫工人受到教育,让他们觉悟。用自己的精神,竭力供给农夫工人的需要,以改善他们的生活。

杨贤江、沈昌他们,多么想通过对青年问题的讨论,引导当时彷徨的青年学生,唤醒学生的文化公民、政治参与和社会担当意识。用非暴力的行动,投身于救国的宏大工程,探索出一条适合中国国情的革命道路。

1924年,毛泽东、罗章龙、沈泽民等共产党员,以国民党上海执行部名义,在上海帮助国民党整顿组织,开展党员登记,发展国民党组织。还与侯绍裘一道,到松江县指导国民党组织工作,在景贤女中建立了国民党江苏临时省党部。为贯彻中共三大的精神,他们在上海、松江等地积极发展国民党员。就在这年6月,沈昌加入中国国民党。

赴美留学

1924年秋,由于齐卢战争爆发,战火烧到了松江,侯绍裘已把景贤女中从松江搬到了上海。在国共合作的大背景下,侯绍裘当时兼任国民党上海执行部宣传委员和教育委员,为了腾出时间从事革命工作,他请沈联璧担任景贤女中校长。1925年5月,上海发生了震惊中外的"五卅"惨案,沈昌与侯绍裘、恽代英、赵景沄、高尔柏、赵祖康等一起,参与了这场由外国资本家枪杀中国工人为导火索,引发上海学生、群众大规模反帝国爱国示威游行。"五卅"惨案刺痛了沈昌的心,也激发了他留学报国、科技强国的动力,于1925年秋,赴美国留学。

关于沈昌留学的时间,《环球中国学生会二十周年纪念册》民国十四年(1925年)出洋学生调查录第八十一页记载:"沈立孙。籍贯:浙江嘉兴。出身学校:东南大学。留学国:美国。国外大学校名:麻省工专。学科:电机工程系。费别:私。"当年去美留学的东南大学的同学有王家揖、吴蕴瑞、吴定良、陈思义、寿振黄,麻省工专的同学有李励绂、罗致睿、王士倬、王冠英等。

沈昌的姐姐沈骊英的留学时间,在1925年12月19日星期六的《环球中国学生会周刊》上记载得十分清楚:"本届8月17日渡美留学之沈骊英女士,业于抵美,入怀尔斯来大学肆业,兹录通讯处如左……"可见沈昌与姐姐沈骊英是同年赴美国读书的,所入的是麻省理工学院电机工程系(市政卫生工程)。

麻省理工学院校址在美国新英梅州麻省的剑桥查里士河畔,与哈佛大学东西对峙,是美国最著名的理工大学,也是当年中国留学生选择的热门学校。该校创建于咸丰十一年（1861），中国清光绪三年（1877）就有首位学生进入该校求学，1919年至1925年是中国学生留学该校的全盛期。

当年中国学生入学麻省理工学院的自费生，可在暑期初向学院索取招生简章，根据国内学校的成绩、文凭等，填写入学申请报名。国内高校毕业生，进入麻工可视个人成绩，插入二年级或者三年级。但国内取得的每科成绩需经教授认可后，才准许不再补习。

麻省理工学院学校设施较为齐全，有十七个学科门类，各科又有三至四个分类。中国学生去麻工求学，选科方向受国情影响，各时期明显不同。1909年至1917年，学海军建筑及航海工程的多；1917年后，学土木工程的多；1920年后，学电机化工的多，这肯定与当时中国国情有关。沈昌就读的卫生工程专业，选择的中国学生相对较少，1909年至1930年间只有七人。

麻省理工学院的功课异常繁重，学生每星期只有周末稍微可以休息和游玩一下外，平时是没有什么闲暇时间的。中国学生大多好学，孜孜不倦，所以在校的成绩往往超过美国学生，是学校老师眼中的好学生，也受到学校的重视。

课外娱乐活动，除了集会外，还会到中国城聚餐，以及到电影院看电影，去戏剧院看戏剧等。集会主要由麻工中国学生会组织，当然还有中国工学学会波城区会、中国电工学会波城区会、中国化工学会波城区会常委。因为麻省工程学院成立的工程团体极多，中国电工学会、中国化工学会的发起人，大半是麻工的学生。

说实在，关于沈昌在美国的学生生活的资料很少，从他校友的回忆录、传记中寻找，收获也不多，倒是沈怡在自述中有点记录。沈怡于1925年10月，离开德国德兰诗顿前往美国，在麻省理工大学旁听，还在基督教青年会请了两名老师补习英语。期间，沈昌陪同他参加中国同学学生会的演讲，认识了中国在美留学生浦薛凤、丁嗣贤、卢祖诒、许应期、徐宗涑、郭殿邦等同学。又去韦尔斯利学院看姐姐沈骊英，并拜访了谢冰心，当时冰心已在文学圈里小有名气了，沈怡说冰心有点像他二姐性仁。

沈怡是谁？沈怡是沈昌的表哥，嘉兴人。之所以成为表哥，还有一段渊源。沈怡的母亲葛敬琛与沈昌堂叔沈承瑜的夫人葛敬琮是嫡堂姐妹，沈怡还在娘胎时姐妹就约定，生了儿子过继给她。沈怡在上海读书时，节假日经常到姨妈家小住，总有回到自己家的感觉。沈昌堂叔沈承瑜在上海时，不管是从高昌庙搬到宝兴路，还是从宝兴路搬到山海关路，总与沈昌家在一起，所以沈怡跟沈昌应该从小熟识，也以表兄弟相称。

沈怡比沈昌年长四岁，原名景清，字君怡。父亲沈秉钧是清末举人，一直从事文化教育事业，先后在嘉兴新丰公塾、秀水县学教堂做过教习，是嘉兴劝学所总董。光绪三十二年(1906)聘为上海商务印书馆编辑。沈怡有两个姐姐，一个妹妹，是嘉兴有名的民国沈家三姐妹。大姐性真，又名景英、亦云，是辛亥革命时北伐军上海女子敢死队的发起人和领导者。丈夫黄郛是民国时期著名政治人物，同盟会会员，日本东京振武学校毕业。蒋介石盟兄弟，所以蒋介石得称沈亦云为二嫂。黄郛曾任北伐军兵站总监、上海特别市首任市长、外交总长、教育总长、新中国建设学会理事长、行政院驻北平政务整理委员会委员长、国务总理兼交通总长。参与过上海光复、"二次革命"和护国之役、北伐战争等事件。

二姐性仁，曾在日本长崎活水女学求学，后入北京女高师，是冰心《我们太太的客厅》的座上宾，是位让林徽因也羡慕钦佩的女人。所以当她听弟弟说她像冰心，性仁有点不高兴。丈夫陶孟和，原名履恭，浙江绍兴人，社会学家。1906年被选拔为官费生赴日本东京高等师范学校留学。1913年获英国伦敦大学经济政治学院经济学博士。后任北京高等师范学校、北京大学教授、系主任、文学院院长、教务长等职。1926年任社会调查部负责人，1929年改为社会调查所所长。1935年被聘任为中央研究院评议会评议员。抗战时期，任第一至四届国民参政会参政员。1948年当选为中央研究院院士。新中国建立后，任政务院文教委员会委员、中国科学院副院长兼任联络局局长、社会研究所所长、图书馆馆长、编译出版委员会主任委员、哲学社科部学部委员，国务院科学规划委员会委员，是第一、二届全国人大代表，第二、三届全国政协常委。

小妹性元，毕业于天津女子师范学校。丈夫钱昌照，1919年赴英国就读于伦敦政治经济学院，1922年进入牛津大学。1928年起，任国民政府外交部秘书，国民政府秘书，教育部常务次长，国防设计委员会副秘书长。国防设计委员会改建为资源委员会，任副主任委员。新中国建立后，曾任政务院财政经济委员会委员兼计划局副局长，政协全国委员会财经组副组长，全国人大常委会法制委员会委员,香港特别行政区基本法起草委员会委员,中华诗词学会会长。所以,这嘉兴民国沈家三姐妹,轶事趣闻木佬佬,一点不比宋氏三姐妹来得逊色。

以上介绍沈怡家人看似多了点,但沈怡及这三个姐夫妹夫,由于地位显赫,在以后的日子里,对沈昌无论于公于私都有所照应,也理应有所提及。

1912年秋,沈怡进入青岛特别专门学堂中学部。1914年秋,转入上海同济大学学习土木工程。1919年加入少年中国学会,所以在《少年中国》上发表的文章较多,还介绍沈昌入会,算是资深会员。1921年赴德国留学时,少年中国学会的李大钊、陈愚生、黄日葵、刘养初、高君宇、章一民、邓中夏等还在浣花公栈设宴送行,他在德国德兰诗顿工业大学学习水利工程五年整,获博士学位。

《沈怡自述》书影

这次沈怡从德国毕业后,不直接回国而转学到美国,是因有曾任交通总长的姐夫黄郛,近水楼台,才顺利批准公费延期一年。他到美国并不打算再进学校,只想在美参观学习,加之英语很差,想趁在美国这段时间里补一补。

万里他乡遇故知,兄弟俩一定感到格外亲切。沈怡在自述中也写到在他首访新大陆时，与沈昌在美国一起的时候。《沈怡自述》中记载："次年春天，过了寒季，我即开始旅行。蔡承新把我送上火车，由纽约到 Boston 不过数小时。那边中国学生很多,我的表弟立孙(沈昌，我一向叫他昌弟)，他正在 Cornell 毕业转学到 M.I.T."这一段自述,着实把本来资料缺乏的沈昌留学经历,更加弄蒙了！因为，沈昌在美国读书的经历，无论是环球中国学生会出洋学生调查表，还是沈昌的就职简历，都是写的先入麻省理工，后入康乃尔大学。在民国十六年（1927）十二月编的《上海特别市工务局现任职员一览表》上，沈昌的履历为：美国麻省理工大学市政卫生工程学士，康乃尔大学土木工程硕士。民国二十年的《现任公务员登记册》上，学历一栏填的是:美国麻省大学工程学士，康乃尔大学研究院研究。民国二十四年，《国闻周报》第十二卷第四十四期《时人汇志》上刊登了一则沈昌的简历，为"毕业于美国麻省理工大学及康乃尔大学，得工科学士位"。

可是，冰心研究会会长、冰心文学馆馆长、福建省作协副主席王炳根先生在《玫瑰的盛开与凋谢·冰心吴文藻合传》里又称："平绥铁路局的沈昌先生，也是留美学者，攻读于哈佛大学，不仅是位难得的实业家，同时也有很浓厚的文化修养。同时，他的姐姐沈骊英又与冰心是韦尔斯利女子大学同窗。"竟把沈昌攻读的学校弄错成哈佛大学了，显然也是掌握沈昌留学资料不多的原因。

在《上海特别市工务局现任职员一览表》上,沈昌在美国时，曾充水利研究员、东美市政考察专员。这份履历是他回国的当年填写的,应该不会弄错,想必一定是他毕业后短暂的一个任职。

第三章 初露锋芒

建设上海

1927年,正当沈昌准备在美考察市政、研究水利之时,在国内,国共两党并肩进行了一场革命的、正义的北伐战争。在上海,原先"青年问题讨论会"的同道杨贤江、侯绍裘、高尔柏兄弟等,领导组织上海工人进行了三次武装起义,最终取得了胜利。起义后的上海,面临着维护社会治安、建立上海市民政府两个问题。时任上海特别临时政府委员的杨贤江、侯绍裘,直接参与了上海临时政府的组织与筹建,侯绍裘还是江苏省建设厅厅长,希望沈昌能回来一起参加国家建设。消息传到美国,沈昌渴望回国,与曾经志同道合的兄弟一起参加新上海的建设。

于是,他辞去了水利研究员、东美市政考察员的工作,办理好回国手续,毅然回到了祖国。可他万万没有想到的是,当他回国之时,上海正笼罩在腥风血雨的白色恐怖之下。蒋介石在上海发动了反革命政变,窃取了北伐战争所取得的胜利果实。以前一起探寻救国道路的青年一个个被抓、被杀,沈昌义愤填膺,在家坐卧不安。家人怕他出事,把他关在家中二月余,任他踢门敲窗,连饭都是送进去的。此时,侯绍裘已被刽子手活活戳死,投入了秦淮河;杨贤江也因汪精卫和蒋介石到处捕杀共产党,中共在江苏、上海的党组织连遭破坏,只好隐蔽在绍敦电气公司,后经组织安排,化名李洪康流亡日本东京。

大革命失败后,局势风云多变,社会环境复杂,本想回来参加革命建设的沈昌,此时却怅然若失,面对复杂局面无所适从。后经家人的劝说、表哥沈怡的推荐,进入了上海特别市政府工作。

上海特别市政府是在1927年4月18日,蒋介石建立南京国民政府后,颁布《特别市组织法》,宣布上海设立"特别市",隶属于国民政府的。1927年7月7日,上海特别市政府正式成立,黄郛为第一任市长,下设十局十处。全市境域规划为上海县全境和宝山、松江、青浦、南汇等县局部,共三十个市乡。市政府设在市政府路原沪海道尹公署(今平江路48号)。市政府成立这天,时任国民革命军总司令的蒋介石,特地从南京赶到上海参加上海特别市成立暨市长就职典礼。国民党中央党部委派古应芬,国民政府委派郑毓秀代表监誓。

黄郛在就职典礼上发表了演说,并宣布了秘书长和各局局长名单:秘书长吴荣鬯,财政局长徐鼎年,教育局长朱经农,公安局长沈谱琴,土地局长朱炎,工务局长沈怡,农工商局长潘公展,卫生局长胡鸿基,公用局长黄伯樵,公益局长黄涵之,港务局长李协。

可是,上海特别市成立不满一个月,蒋介石忽然下野,作为盟兄的黄郛随之辞职。继任者是时任革命军东路前敌总指挥部参谋长,淞沪卫戍司令部参谋长,兼第十三军军长的张定璠。

在这个动荡年代,黄郛一辞职,大家都心存顾虑。所以,张定璠一上任,原来各局的局长纷纷请辞,但大都还是劝留了,只换了秘书长和公安局长。新任秘书处长周雍能,倒是把他的秘书处换了大量新人,此时沈昌进了市政府秘书处,担任助理秘书兼政事科科员。

上海特别市初建,社会治安、领事外交、工潮学潮等,各类问题纷繁交错;比如苏州河舢板厂新桥坍塌、南市唐家湾菜场倒塌、品芳茶楼坍塌、龙华火药厂仓库爆炸、工厂欠薪、乡董借垫警饷等,社会纷争、意外事故不断。

沈昌刚到市政府秘书处,就受上海特别市指派,前往静安寺调查静安寺由传继纠纷引起的住持"盗卖寺产"一案。这场看似是静安寺围绕住持传继与庙产管辖、剃度派与十方丛林之间的矛盾,实则隐藏着一系列棘手问题。这次静安寺僧志汶,是以捐助军饷而变卖寺产,所以此案牵涉了南京军事委员会;在管辖问题上,江苏省民政厅与上海特别市政府关于权限之争;又由于私产抵押问题与英商有染,又关涉外交纠纷。此案牵涉面广,社会影响极大。此案复杂程度用宋子文的话说:"本案以行政牵及司法,兼合宗教及租界问题,而省市两级政府,又有权限之争,中经僧志汶空言助饷,复涉军政范围。惝恍迷离,动多枝蔓。"沈昌与同事杨元赓奉命对静安寺寺产进行了清查,并以上海特别市政府名义,布告暂存禁止转移产权,暂缓变卖静安寺寺产的决定,着实是维护了刚建立的上海特别市政府的权威。

对于沈昌本人来讲,相比于在秘书处处理行政事务,他更愿意直接参与上海的市政建设,发挥自己所学专业特长。加之

第三章 初露锋芒

表兄沈怡也很想让他过去做帮手，沈昌便从秘书处转到了工务局，被委任为市政设计委员会委员，成为了特别市工务局的一名技正。

1937年上海公务局成员合影

孙中山曾在他的《实业计划》一书中主张，要借用外资从事生利的事业，像开辟市场、兴办工厂、建筑铁路、修治运河、开发矿业。遵照孙中山实业方略，把上海建成环境优美的大都会，一直是沈昌的理想和抱负。他大胆地提出了在上海建立自由区的想法，详细分析了上海的地理优势、营商环境，以及旧制"偏护洋货，歧视土货"的还税制度等，提出了他对建立上海自由区的计划，并将《上海设立自由区刍议》一文发表在上海特别市《市政周刊》上。

在自由区建设方案里,他建议在商埠之中指定一区域,于此区域中可以经营各种实业,不纳关税,亦不受海关之约束,其性质类如自由埠。其优点有二:一是自由区既仅为商埠中之一小区,自贸区与市区当保持一定距离,关吏便于检查,可免偷漏,且海关即可设于口岸附近,不必退入内地,至有增加用费之虞。二是自由区范围既狭,则可以限制仅为实业之用,只许设立堆栈工厂,不准建筑住宅,故免税入口品可限于原料品,而不及于消费品,使关税不至受重大之损失。

他呼吁,在上海建市之初的设计中,就应堪定适当地点,划定区域界线,限日进行,直到建成为止。可是,在当时上海还笼罩在白色恐怖,国民政府派系林立,多方掣肘,争权夺利,争功诿过氛围之下,他的设想并没有引起当局重视。可他的设想在八十六年之后实现了,2013年成立了中国(上海)自由贸易试验区,沈昌在上海设立自由区的设想,也许是自由贸易试验区的最早方案与构想,值得写入上海自由贸易的史册。

在工务局,沈昌致力于新上海的城市设计,并把自己学到的知识和设计理念分享给大家。他曾于1927年12月28日的青年会上,专门就城市设计做过演讲。全文如下:

今天是本特别市第二次专门演讲之期,兄弟出席演讲《城市设计》。城市设计,千头万绪,决不是浅陋,如兄弟这所能讲得详明,尤其不是短短一个演讲得完备。不过现在市民希望市政改良的心,非常迫切。政府极愿作成一个具体的进行计划,拿出来同市民全体合作,努力求其实现。现在兄弟就

第三章 初露锋芒

个人所知简单地讲讲，极愿市内贤达大家起来研究市政大计，把研究所得，供之政府，采择施行。

说到市政设计，普通人有个误解，以为仅仅是个工程问题。其实不然，市政设计，是在预定一个具体的计划，来满足市民将来的需要。市民的需要，有精神物质两方面，所有市政设计，必须兼顾这两方面。而且都市是罪恶的源泉，我们为市民规划完备的教育，良好的慈善事业，恐怕比道路桥梁尤为重要。不过兄弟是从事于工务的人，所以，今日所讲，偏重于工务。

一般人对于城市设计，又有一个很重要的误解，就是以为偌大一个城市设计计划，是可以一蹴而就的，这也是不对的。要知道一个城市计划，必须按部就班，慢慢儿地把它实现出来，才是切实可行的。不然，市民经济的能力，哪里能担负得下。但是，实行虽然必须迟迟，计划却必得快快才好。举一个例（子）来说，前天兄弟到苏州河梵王渡察省，一处可以造桥建筑，龙华直达闸北的马路的地方。岂知沿苏州河两岸已都建了高大的厂房，简直没有适当的空地。若使要绕过这许多房子呢，路太弯曲了。若要毁去一部分房屋呢，又太不经济。若是从前，已有了详细的道路计划，预先留路线，留出桥址，就不致发生这种困难问题了。

城市设计就物质一方面讲，可以说是有四个目的。第一是在求交通的便利；第二是在划定公共建筑及空地的位置同面积；第三是在管理私人建筑；第四是在消除城市间的污物。请就这四个小题目简单地讲讲。

在现在的社会中，时间就是金钱，所以种种交通必须求其便利。而且城市本来是交易有无之所，假使不求往来，就不必到城市里来。所有交通实在是城市的命脉，城市与别的地方联络，自然以铁路为主要。但是铁路建筑，往往在城市尚未十分发达以前。所以货栈干道往往横贯城市中心，火车往返阻断道路交通，实在是城内发展的一个大大的障碍。上海闸北宝山路便是一个很好的例（子），而且城市中心地价非常之贵，铁路要扩充支路线栈房，事实上很困难。所以铁路干道，必须在城市中心之外。但是所有的铁路干道，必须互相联络，总货栈最好在一起。欧美往往有两条铁路筑到一个城里，各有各的货车，各有各货栈，两个货栈相距也许只有数里，但是货物转运所费，比在铁路上运数百里还要贵，这是我们必须要先事设计避免的。

城内的交通当然是在道路的设计了，说起道路设计历史很长。在1666年伦敦遭了一次大火，全市精华付之一炬。重建的时候有位爵士叫SirChristoPherWren的，就有一个很好的计划，但是可惜未能实现。自后欧美各大城市陆续多有道路的规则了。其中，最可以代表一般的趋势是纽约的棋盘式，华盛顿的放射式，巴黎的拱卫式和维也纳的混合式。各式多有利弊，批评各人不同。其实各城市的设计多有他的背景，他当时规划路线，当然并没有规定什么模式，不过因地制宜、自然而然的结果。所以城市设计，最好是要取混合式，万不可拘泥一式。最合理想的街道设计是先择一个市中心，为公共建筑和人生必需的机关所在。从这个中心筑几条康庄大道，向各方面放射。而大道与圆道相交之处，又可成为若干个小中心，由此而放射出次等大道，各大道之间联络道路则可以采取棋盘式。这样的布置有几样好处，第一令市各区到中心均有直达的道路，交通便可以节省时间。但是若是一切干道都到中心，那么中心一点必致拥挤不堪。现在有几条圆道把所有的干道联络起来，那末有许多车便可以选择比较冷静的干道，那就可以使各干道的负担均匀，也可以减少拥挤。至于干道向联络的次等道路，所以采棋盘式，是因为棋盘式的街道纵横有序，最易认识。所划成地域，亦是方方正正，便于建筑，地皮最为经济，自有他的好处。但若全市的道路多用棋盘式，那么两地往来，必须转弯抹角，要费不少事。而且若是一块多是方方正正，也觉得呆板缺乏美观，而且与空气流通等，均有妨碍。所以在理想的路线计划中，干路总当以放射式为主，拱卫式为辅。至于次等道路，便可采用棋盘式了。现在要讲城市设计物质方面。

第二个目的，就是划定公共建筑及空地的位置同面积。

公共建筑是全市市民的公产，是与全市市民人人有密切的关系。所以他的地位、面积，关于一市的发展非常重大。而且就美术方面说，简直可以说是全市观瞻所系。且看我们各县衙门，无论如何破烂，那一个过往的人，对他不有相当的注意。但是在近世都市里，形势激变。公共建筑往往缩在不重要、不便利的地方。面积设备又往往不够，这是与市政发展大有妨碍的。即以现在上海特别市而论，市政府财政局、公用局，是在市政府桥；工务局、农工商局、卫生局是在十六铺；

教育局是在西门，土地局是在城里。这样分离，要求通力合作，自然感觉到许多困难。市民接洽市政也非常不便，而且公共图书馆、博物馆、美术馆、大会堂、地方法院等等，都是一市所必需，而又必须是在全市中心交通便利之区。所以预先在市中心地方划定一个适当的面积，以备建筑，实在是城市设计最重要工作之一。

而且我们不但要在城市中心预留地来建筑应该集中的公共建筑物，还要在全市各区预备地段，以便建筑应该分开的建筑物。譬如警察分所、救火会、小学校、小图书馆，及邮政局之类。

此外我们尚有许多公共建筑物，必须预备特别地段，譬如医院、监狱之类。

这样看起来，我们应造的公共建筑物非常之多，而且多要适宜的地点，若不在市区尚未完全发达之前，预先规划妥当，布置就绪，将来必至困难丛生。

除了公共建筑之外，尚须预备空地，以为公园园林公基之用。我们大家多知道地城市之内，密密造了房屋，一无隙地的苦处，差不多连气也透不出。所以一般人多提倡园林都市，必须要政府的力量来强制留出够用的公园树木同公基等面积来，而且要支配得适宜，这又非先事先设计不可了。

以上是讲的公共建筑物，其次我们要讲到管理私人建筑。那就是城市设计物质方面，第三个目的。为什么对于私人建筑物要有一种相当管理呢？因为全市的建筑物，大多数是私人的，若是没法管理，就是公家的建筑物弄得很好，也是无

第三章　初露锋芒

用的。譬如现在闸北中兴路交通路一带,到处是草棚,你看若不把他拆了,你尽管造成水泥路,两旁种起梧桐树,还是不美观的。法租界环龙路总算是很好的住宅区域了,但是有一个云飞车行,终日终夜汽车不绝,扰人清梦。若是把个炼钢厂搬在那里,更是不(得)了。所以新式的都市,要划成种种区域。最简单的是划出一部分市区,专作工业区域。所有的工厂,只许在这区域内建立,不许迁入其他区域。又划一部分市区,专作商业之用,所有大商店,只许在这区域内建立,不许迁入其他区。至于分的细密的,有把全市分为行政区、运输区、住宅区、教育区、农林区种种的。住宅区里面,又须照房屋高下,余地之广狭,建筑之良劣,分别地段。工业区域,又须因性质之不同划分。譬如德国的 Frnkfort 等,就是分得很细,限制得很严,而又很收成效的。

　　有一点我们要明白,就是划分市区,限制建筑的一件事,并不是专为住宅,更不尽是消极。譬如现在吴淞沿浦一带,若不预先划为运输区,规定为建筑码头、船坞、铁路之所。那不久必将步英租界的后尘,沿浦一带多建起重楼,杰阁的商行,弄的将来上海没有一个好的水陆交通中心。所以划分区域限制私人建筑,这个问题,实在与市政的前途大有关系。还有一层,假使划区问题能够解决,那一区便有一区的特性,市的设施要简单多了。在我个人主张,划区这个问题,只宜留出相当工商业地段,以便改良这一部分区域的运输交通,以及动力的供给,废水的处置。同时用园林隙地,隔离工厂区域同住宅区域,使市民可以减少感受都市的痛苦。至于住宅区域内等级的划分，只好待自然的发展。而且为求实现三民主义的精神起见，人民与政府允宜通力合作。改善农工住宅，同时用正当的方法，限制过于奢华的私人住宅，务求全市人民多有一种相当而差离不远的住宅。

第四点，我们要讲到消除城市间污物的问题。污物少时简直不成问题，多了就难了。尤其是在都市之间，一个人丢一个花生壳，不算一回事。但若上海人吃一粒花生，就要有二百万花生壳了，二百万花生壳，怎么把它处置，真成问题了。至于秽水，那更是没了办法。一个人每天洗三次脸（面），就有三盆水，二百万人就有六百万盆水，倒到哪里去呢？河道又多填塞了，真是没有办法。所以新式的城市中，必须有很完备，又很大的阴沟，又须联络得很好。从小的阴沟流到大的，从大的流到总的，须详细规划。否则阴沟里的水就会从大的沟管，倒流到小的里去。这个不是说笑，上海南市便有这个怪现象。至于阴沟水到了总管怎么样？出去怎么样处置，那更复杂了，今天不能详说。

以上几点是城市设计物质方面的几个重要的目的，但是达到这许多目的，已说过非短时期所能达到。总要全体人民通力合作，在没有决定计划以前，详慎考虑，决定以后，持之以毅力，努力以赴之。这是市政府同人所一致盼望而同勉的。

在上述演讲中，我们大致可以窥斑沈昌对上海城市设计规划的主张、建议与想法。

工务局局长沈怡在黄郛辞职后，还一直惦记着他想做而来不及做的两件事。一是筑一条环绕租界的道路,以防止租界的再扩充;二是吴淞筑港,并在吴淞与租界之间开辟一新区,以削弱租界的重要性。这越界筑路交涉与道路设计,沈怡交给了沈昌去做。

上海租界,本是近代中国的屈辱史。自1845年11月29日,清政府苏松太兵备道宫慕久与英国领事巴富尔共同公布《上海土地章程》,设立上海英租界,到革命军占领上海,公共租界的法租界一直存在。每当中国国内形势混乱之时,租界工部局总是利用机会,趁火打劫,越界筑路,扩充地盘。特别是民国十三年(1924),齐燮元和卢永祥战争期间,更是明目张胆。帝国主义趁机越界筑路,侵犯我国主权的行径,还引发了1925年5月30日的"五卅"惨案。此案在上海谈判时,中国代表提出解决办法十三条,其中第十条就是:制止越界筑路,工部局不得越租界范围外建筑马路,其已筑成者,由中国政府无条件收回管理。

沈昌从小生活在上海,又是1925年5月30日上海学生两千余人在租界内散发传单,发表演说,抗议日本纱厂资本家镇压工人大罢工、打死工人顾正红,声援工人,并号召收回租界活动的亲历者。他清楚外人在租界越界筑路愈演愈烈,主要是因为洋奴们私卖土地,地痞土豪与外商地产公司朋比为奸,当局的外交官吏对外人的畏惧当中夹杂着无数谄媚成分等所造成的。他更清楚,"外人野心,于焉稍戢"。只有收回租界,才是广大民众的最终目标。

沈昌曾在工务局设计规划道路系统时,就考虑了租界的收

回。经过现场堪测，他与工务局的同道一致认为在租界收回之前，必须于西区一带，改良交通。决定修筑一条使闸北与龙华相联贯，穿过所有的越界筑路的线路。在设计闸北、南市、沪西，以及虹口一带道路系统时，把所有越界筑路全部包括在内，彻底打破外人想把越界筑路一带扩充为租界的企图。

作为受上海特别市指派、参加筹议越界筑路交涉问题的一员，为了在交涉之时以历史事件据理力争，沈昌搜集了租界越界筑路交涉的历史材料和当局在租界的设施，编写了《上海外人越界筑路年表》，详细列举了1868年至1926年外人在上海越界筑路的事件。此次交涉之后，规定在越界筑路区域内建造房屋，均须向工务局申领执照后方可动工，否则视为违法行为，争取到了上海特别对越界筑路的管理权。之后越界筑路行为收敛，直至1932年，上海发生"一·二八"事变，越界筑路的历史在上海重演，着实是弱国无外交的写照。

上海外人越界筑路年表

1928年4月11日，沈昌被国民政府内政部函调到部里任事，任国民政府内政部技正科长、编审委员。6月6日，受国民政府内政部委派，前往协商办理江苏省政府、上海特别市政府"政府划分区域治权案"。上海建市，划入上海市的范围涉及江苏省的上海、宝山、青浦等县，此次政府划分区域治权，上海特别市划界委员是工务局长沈怡，江苏省的划界委员是严师愈。沈昌与他们一起到各县视察调查，走遍了上海周边的所有乡镇，向当地人士进行解释。好在大家以大上海建设着想，划界一事办得很顺利。

9月，沈昌又由国民政府赈灾委员会主席兼常务委员薛笃弼推荐，担任国民政府赈款委员会秘书长，真可谓能者多劳。

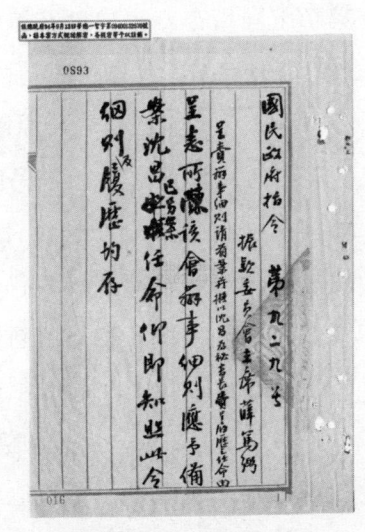

沈昌任赈灾委员会秘书长文件

执掌镇江

民国十六年（1927），蒋介石另立中央，在南京建立国民政府。1927年4月26日，南京政府任命钮永建、何应钦、叶楚伧、白崇禧等十六人为江苏省政务委员会委员。5月2日，江苏省政府宣布正式成立，地点设在南京的湖南路。《省政府组织法》颁布后，政务委员会改为省政府委员会，钮永建为主席。因南京为首都成立特别市，江苏省会就得选择新址。在选择省会新址上，当时的国民政府内部曾有争议。民国十七年（1928）7月17日提交省政府委员会第九十次会议第十一项决议，通过镇江为江苏省省会，丹徒县改为镇江县。民国国民政府于7月27日发出第701号指令,正式批准镇江为江苏省省会。省政府立即着手省会迁镇事宜,8月9日成立省政府迁镇筹备处,由周爱吾任主任,地点设在镇江道署街原敏成学校内。

如何建设新省会,是民国江苏省政府面对的紧迫问题,而如何选一位懂规划、会设计、善管理的省会县主政更为重要。沈昌是时任内政部市政科科长,又是市政方面的专家,前期还与钮永建、缪斌等参与了新镇江的建设计划的研究,就被推上了镇江县长的位置,那年他二十四岁。

1928年12月,沈昌正陪同内政部长薛子良(笃弼)在上海参观考察,新闻界已得知他将要赴任镇江县县长的消息。1928年12月25日的《时报》刊登过一则消息,题为《新任镇江县长沈昌过沪之谈话,建设新镇江之计划》,其文如下:

  江苏省政府,因省会即将迁至镇江,特任市政专家、前内政部市政科长沈昌为镇江县长,建设新镇江。沈君现陪同薛子良部长往沪参观考察,东南社记者特前往访问,询其新镇江建设计划。

  据沈君云,县长之任命,至沪后始知,尚须禀明薛部长后,再定行止。但镇江建设计划,已与钮主席及缪厅长一再研究,拟分乡政、市政两部分进行。关于村政者,已由省政府通过《训政模范区条例》,此区即设于镇江。注重全民训练,一切人民之起居生活知识及政治能力,均须派指导员切实组织训练,以根本改造国民之习性,养成军政之实力。关于市政者,将于县政府内特设技术人员,负责办理。一面造成金山、焦山一带为游赏中心;一面改造江边为内地主要工业区,并已与中央大学医学院颜院长商定,请医学院派员至镇江举行卫生调查,及卫生统计,然后拟定卫生计划,切实进行云云。

沈君已于昨日偕薛部长返京,不日即将赴镇江新任矣。

看得出沈昌对建设新镇江心里已有一定数脉,尽管当时镇江连城厢区还是茅蓬遍及,江河淤塞,环境卫生恶劣。对镇江的建设治理,沈昌心里目标很明确,是以大多数人民利益为前提,以环境和民生为中心,办事过程强调依法办事和公开原则。

1929年1月10日上午九时,沈昌主持召开了镇江县政府第一次市乡行政会议。会议通过了由沈昌提议的《分区办法案》,将所辖的区域划分为七个自治区。将城厢市、焦东乡、永固乡全部,及长乐、丹徒、高资乡的一部分,划为自治第一区;丹徒、育成、辛丰、崇德、谏壁五乡,划为自治第二区;平昌、大港两市,暨圌浜一乡,划为自治第三区;仁让市划为自治第四区;长乐、上党、岁丰三乡,划为自治第五区;顺江、御隆两乡,划为自治第六区;高资乡划为自治第七区。省会设在镇江县第一区内,依地域形势又可分城内、城外、小码头、河北四个部分。经过几个月的筹划,省府迁镇事宜基本就绪,方案经省政府核准。民国十八年(1929)2月3日,江苏省政府令各厅处限十日内全部从南京迁至镇江,按指定地点办公。

沈昌走马上任后,新镇江建设与管理千头万绪,任重事繁。他从整顿公务人员纪律入手,要求县政府职员一律佩戴证章上岗,出台《行政人员修养之标准》,向全体行政人员提出了"精

神革命化,思想系统化,行动纪律化,工作劳动化,生活平民化,兴趣艺术化"的修养要求。他在《镇江县政公报》上发表《时间与空间》《敬业与乐业》,与政府同人探讨成败得失、乐业敬业的关系。他为了提高政府机关工作效率,规范政府文书,出台了《县政府与各局处理文书办法》。

省会迁镇,涉及省政府的各个机关部门的办公用房、人员住宿问题都要解决。在整个整治建

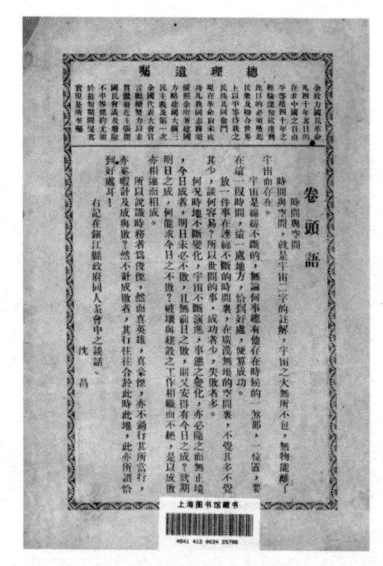

沈昌《时间与空间》

设过程中,要征用大批民房和隙地,为稳妥起见,沈昌曾向江苏省政府建议,成立由地方人士组成的"市政筹备处"。在整治市容环境方面,从取缔茅蓬和清壁运动入手,在阳彭山之西建造一千间房屋,用于安置茅蓬居民,县政府门口的茅蓬拆除后,拟建一个民众公园。在城区拆城筑路,建筑老西门桥,改建网巾桥,设立新马路、火星庙菜场。由于经费不足,当时还以拆下的城砖变价拨用。在修浚水利方面,编制了《修浚镇江水利计划概要》,计划包含开浚鲇鱼套河及小火车站之东水道、征人(润)洲穿沙开河、开浚荷花塘及甘露港新河至金山河等水道,以及开浚市区运河等。

沈昌主政镇江后,发现地方上捐税名目极为繁多,平时因事筹款,各自为政。在地方附捐的审批上,省政府委员会和省

第三章　初露锋芒

财政厅分工也混淆不清，究竟何款呈何机关核准？何款由县举办或由地方议定？都不清晰。公安局捐务局、厢市行政局、教育局、建设局，甚至基层市乡都握有征税纳捐的权力，涉及项目苛细，税捐名目重床叠加，负担极不公平。不仅百姓怨声载道，而且引发贪污腐败。为此，组建了整顿财政委员会，出台《镇江县整顿地方财务办法》，分别厘剔，统一职权，所有征收一律划归财政局管理，所有捐税须报财政厅核定，向社会公开。他还要求整顿财政委员会拟定各项经费的支付保管，制订财政审计办法。在沈昌看来，财政整理事关全县民生，特别是新省会建设伊始，整顿原有财源刻不容缓。他一面向省财政厅请示，要求由省财政厅核准施行《镇江县整顿地方财务办法》，一面告诫委员会同仁，希望他们在整顿过程中，协助自己共任艰巨，勿畏阻艰，务必取得彻底成功。针对霸占公产出租的现象，还成立了"公款公产管理处"，统一管理全县的闲置庙宇、旧制衙门遗存。

警察队伍小则关乎一邑之治安，大则关乎一国之隆替。全县的社会治安、风俗改善、危害防止、疾病预防、户口编查、交通整顿等工作，必须有一支纪律严明、作风优良的警察队伍。他颁布了《镇江县整顿四乡警察步骤》，停止四乡警备亩捐，改善警民关系。他着手成立了镇江县乡区警察教练所，亲自兼任所长，总理全所事务。公安局长陈复兼任副所长，辅助所长督促管理训练事宜。制定《镇江县乡区警察教练所暂行简章》和《镇江县乡区警士招募章程》等。镇江县公安局长最初由省公安局长陈复兼任，后由县长沈昌兼任。

在镇江主政期间，沈昌充分实践了"五四"时期与侯绍裘他们创办平民学校的经验。他在镇江教育局设立民教机关、农民教育馆、妇女职业指导所等，普设平民识字学校，开展识字运动，让贫苦阶级也能受到教育。要求在城区最少设立十处，每乡至少设立一处，或就原有各小学，一律附设。同时取缔私塾，由教育局筹设训练所，对私塾教师进行为期一年的强制培训，经教育局考试甄别，给予证书。

尽管省会迁至镇江，但镇江毕竟还是个农业县，历经军阀混战与二次革命，底层农民更是生活在水深火热之中，必须给他们找条出路。在发展农业生产方面，沈昌发动农民利用农闲季节，修筑乡间道路，开掘沟渠、池塘，兴修水利。镇江农村多丘陵，荒地多，栽桑养蚕优势明显；特别是1926年，他的同乡表舅、蚕业教育家葛敬中，已在四摆渡沿铁路线南侧一带先后购得土地三百五十亩，在满目荆榛、荒冢累累的土阜上，采用深耕法垦荒植桑，已获得成功，还创办了镇江蚕种场，又兴建了蚕室附属室和宿舍等，准备将创办在无锡的女子蚕桑讲习所迁至镇江蚕种场。沈昌请来葛敬中商量，认为发展镇江蚕桑，是让农民富起来的好项目，他亲自筹划成立了镇江垦荒植桑委员会。1929年2月1日，江苏省政府委员会第一百八十二次会议，通过了《江苏省镇江县垦荒植桑委员会章程草案》。1929年3月8日下午二时，沈昌主持召开了镇江垦荒植桑委员会常务会第一次会议，推定张曾鉴为主任干事，公推葛敬中为副委员长，指导全县的垦荒植桑事务。会议决定，以高资乡为第一试办区，计划开垦一万亩，当年度先堪定两千亩；以辛丰乡为第二试办

第三章　初露锋芒

区,岁丰为第三试办区,仁让为第四试办区,均以二百亩为标准。并在市乡设立支会,制定了《镇江垦荒植桑委员会支会组织简章》,简章规定各支会负责所辖区荒山、荒地的调查;编制调查实况;宣传垦荒植桑利益;督促并指导乡民植桑;检举有荒不垦者;保护桑林,订定宗约等事务。各市乡需用的桑苗,可由各支会向委员会领取,低价发放。贫苦者可以免费供给,但须服从委员会及支会的指导。当时政府没有钱,连高资垦荒办事处装部电话、所花费的一百元中,蚕中制造场出了六十元,商会出了二十元,政府承担了二十元。沈昌只好与葛敬中商量,垦荒植桑运动的经费由合众蚕种制造场负担,技术人才也由蚕种制造场安排。

在这次垦荒植桑运动中,镇江蚕种场除栽植大片湖桑和鲁桑供饲育壮蚕外,还试验栽植山桑系品种约万株,供饲育稚蚕之需。为全国各蚕种场栽植稚、壮蚕用桑提供了经验。也正因为这场垦荒植桑运动,镇江一时间冒出了裕民、益民、永泰、瑞昌、三益、均益、黄墟、明明等新办蚕种场,镇江蚕种场成为全国唯一能从垦荒植桑、供应原种、代检母蛾、代销蚕种等方面提供技术指导和服务的蚕种场。这使镇江蚕种运销范围从江浙两省扩大到山东、四川、安徽、湖北、山西、广东,直至远销国外,为镇江蚕种场日后成为全国蚕种人工孵化基地奠定了基础。直到今天,中国农业科学院镇江蚕业研究所仍是我国唯一的国家级蚕桑科研机构,是全世界一地保存蚕桑种质资源数量最多、资源类型最丰富的机构,研究所研发推广的蚕桑产业技术与品种,支撑着世界蚕桑丝绸生产第一大国的地位。这些成绩,无不有当年沈昌他们开展垦荒植桑运动的功劳。

沈昌主政镇江期间，适逢张学良东北易帜，国民政府军政结束，训政伊始。但蒋介石为了加强统治，准备加紧打击和解决其他新军阀。1929年3月，蒋介石与以李宗仁、白崇禧为首的桂系矛盾激化，称其"抗命称兵，谋叛党国"，双方遂爆发战争。国民党新军阀之间的混战，也给老百姓造成了更多的灾难。同时，蒋介石又通令严防共党，继续屠杀各地共产党员，上海的李一谔、丹阳的陈志英、金山的李桂芳等共产党员都是在这一时期被杀害的。

在这样纲纪凌乱、情虚蒙敝的背景下，要管好一个省会县城是何等的困难。从史料上分析，沈昌执政镇江不足三个月。1928年12月28日，江苏省政府委员会召开第一百七十四次会议决议，聘任沈昌、孟宪承、高践四、俞庆棠等十一位为江苏省训政模范区委员会委员。1929年1月11日，江苏省政府委员会第一百七十七次会议，讨论了代理镇江县长沈昌，为地方人士请设市政筹备处案。1929年1月29日，江苏省政府委员会第一百八十次会议，正式通过沈昌署理镇江县县长的提议。1929年3月20日，江苏省政府委员会第一百九十次会议，通过了无锡县县长孔宪铿署理镇江县县长，调沈昌为民政厅第二科科长的提议。沈昌在江苏省民政厅科长位置上，也不足一个月。1929年4月12日，江苏省政府委员会第一百九十三次会议，通过了民政厅长缪斌的提议："民政厅第二科科长沈昌，另在卫生部工作，遗缺拟荐现任区长训练所训育主任刘平江充任。"可见沈昌已调至由薛笃弼担任部长的卫生部，担任了卫生部技正。

第三章 初露锋芒

1929年5月7日，卫生部令114号令，"本部技正沈昌着支荐任一级俸"。

婚姻家庭

1929年对于沈昌来说，是个非同寻常的年头。新年伊始，他走上了执政一个省会县县长的岗位，又与志同道合的未婚妻走入婚姻殿堂。可谓是事业爱情双喜临门，被幸福撞了个满怀。

新娘子何宛方，松江人。祖父何璠是前清国学生，父亲也是位秀才。何宛方和沈昌同岁，但出生月份要比沈昌小。虽然是女性，但她与沈昌一样，是五四运动的积极参与者，经常一起参加侯绍裘组织的青年活动。后来，青年问题讨论会、《？周刊》《松江评论》的朱季恂、赵祖康、赵景沄、高尔柏、高尔松、沈昌、陈广沅、范志超等，经常集聚在松江景贤女中开展讨论，组织街头演讲、文娱演出、义务教育等活动。还请茅盾、邵力子、杨贤江、李焕彬等来学校演讲，吸引了松江许多青年男女参加，在松江影响很大。

在这些活动中一来二去，沈昌与何宛方渐渐熟悉起来。何宛方1918年考入江苏省立

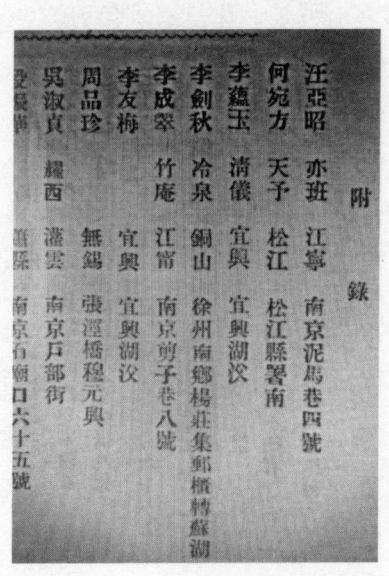

江苏省立第一女子师范学校校友录

第一女子师范学校,该校是五年制的师范学校,校址在南京马府街。1923年7月,何宛方从该校毕业后,考入了东南大学,与沈昌成为同学。

何宛方动笔能力强,文采又好,是大家公认的才女,也是不少男青年追求的目标。她被沈昌追到,成为了知己,还靠了侯绍裘这个月老。当时沈昌在南洋公学的同学赵祖康,是松江人,与何宛方还是表亲,他曾热烈追求过何宛方,几乎每天一封书信。但侯绍裘这个媒人却把何宛方介绍给了沈昌,两人的爱情终于修成正果。侯绍裘还将景贤女中的学生张家惠介绍给了赵祖康,张家惠曾是赵祖康话剧《终身大事》的主人公的扮演者,也是缘分所至。据说,侯绍裘还专门在家里,为两对新人举办了一个新式的订亲仪式。

可是,沈昌追求何宛方,还要过一关。何宛方有一个姑妈,从小受国学生父亲的影响,饱读诗书,满腹经纶。在"女子无才便是德"的旧社会,她因过于出众,加上个性又强,小伙子们都望而却步,反而落得个终身未嫁。这位坐家女儿对外甥女却视为己出,关怀备至,疼爱有加。谁知何宛方长大后,她的姑妈却成了她谈婚论嫁最大的障碍。由于疼爱,这位独身姑姑对她择婿分外小心,开出的条件刁钻苛刻,且脾气古板暴躁。许多人上门说亲的,尚未开口,便被当面抢白,铩羽而归。这种情况发生多次以后,便名声在外,以至一般人都不敢再上门提亲。

在追求爱情上,沈昌勇气十足,不但没有知难而退,反而主动要求去探望。他第一次去何家,便进入这位独身姑妈的闺房,与她攀谈起来，还谈了很久。这倒使何宛方忐忑不安，紧张得手上都捏出汗来，生怕沈昌说错什么话，引起姑姑的反感。然而沈昌的谈吐举止，让这位个性十足的姑妈感觉良好。从那以后，沈昌一旦去何家，必先去探望这位姑姑。久而久之，如果沈昌一段时间不出现，姑姑竟然会主动来问："怎么好久没见家蕃了？"婚后，何宛方还调侃沈昌："为了把我娶进门，真够下功夫的，连最古板的姑妈都被你俘虏了。"沈昌母亲对独子的婚姻也是慎之又慎，她也暗中派人对何家实地调查过，一番明察暗访后，她对何家和未来的媳妇都很满意，还夸奖侯绍裘，眼光毕竟不一般。

确立恋爱关系之后，两个小情人各自还要完成学业。好在两人在一个学校，鸡鸣山下，莫愁湖畔，携手共游，留下了恋人美好的回忆。

不久，沈昌被麻省理工学院录取，要去美国留学。沈昌母亲担心这对年轻恋人分开久了，怕会在感情上把握不住，来劝何宛方同往。但何宛方因受过"五四"新思想、新文化运动的熏陶，在学校也受女子应自尊、自强、自立新生活的教育。她觉得女子的终身大事，不是年纪轻轻就结婚生子，做个依附丈夫、围着灶台转的家庭妇女。她要有自己的理想，要有自己的职业，趁着年轻为社会和民众作贡献。她拒绝了以陪读的身份出国，完成了东南大学学业后，就职于苏州振华女中。

在沈昌留学期间，两人只好通过鸿雁传书，相互鼓励，倾诉衷肠，表达对彼此的思念与牵挂。沈昌归国后，论双方年龄，本来可以马上举办婚礼，但由于沈昌忙于工作，又奔波在上海南京之间，何宛方还在苏州振华教书，婚期一拖再拖。1929年，二人都已二十四岁，在双方长辈的催促下，终于以"文明结婚"的方式举行了婚礼。婚礼在钢琴、小提琴等西洋乐器伴奏下进行，颇为时尚，好不热闹。1929年1月23日，《图画时报》还登载了沈昌与何宛方女士结婚俪影。

结婚之后，由于沈昌工作频繁调动升迁，经常走南闯北调研考察，加上儿女的出生，何宛方只好牺牲自己的职业，在家全力相夫教子，成了全职太太。为此，沈昌也感到内疚，他延请外籍教师给何宛方补习英语，常带夫人参加一些社交活动。只要不是去外地办事，沈昌便坚持回家与家人共进晚餐。平时总是未进门，便高喊："宛方！宛方！"沈昌这么做，一定是为了让家人感受到他深深的爱。

确实，何宛方为沈昌，为家庭付出了很多。之后，不管沈昌奔走在平绥线上，还是西南抗日前线，家里全靠她在呵护。

1937年7月7日，日本侵略军制造卢沟桥事变，发动了全面侵华战争，抗日战争全面爆发。沈昌被紧急抽调至"国家总动员委员会"，奔赴抗日前线，把一家老小留给了妻子。随后，南京告急，何宛方不得不弃家，辗转至香港前往昆明。途中还险遭歹徒绑架，幸亏何宛方与绑匪斗智斗勇，以生命护卫家人，方转危为安。撤离不到两个月，日军在南京制造了骇人听闻的南京大屠杀，他们在南京的家被洗劫一空，护院看管也自此失踪。战争结束回来，何宛方曾托人四处寻找，可再也没有找到。多年后，何宛方还常念叨，这人忠诚耿直，说不定就是为护卫我们这个家送的命。

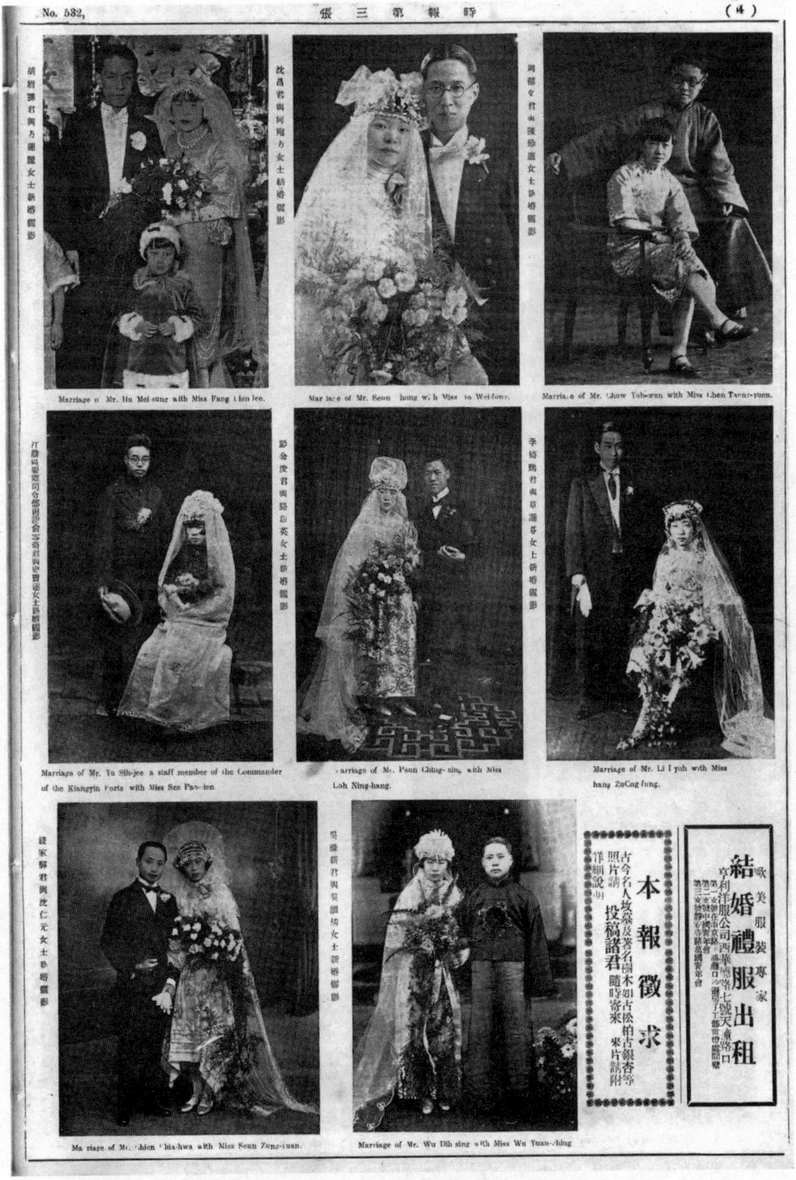

沈昌、何宛方結婚照

1938年何宛方与女儿沈蓓摄于昆明太和路前院

在昆明,何宛方也过着提心吊胆的生活,在外担心沈昌在前线的安危,在家担心日机的轰炸,随时准备带着孩子往防空洞躲避。沈昌的突然离去,更是让何宛方难以承受。女儿沈蓓至今还记得:

> 出殡那一天,棺材落葬,正要盖土,妈妈突然挣脱三四个搀扶她的人,猛扑上去,她要跟他一起去。后来,妈妈对我说,是你们给了我勇气,看到你们,我就想,这是你爸爸留给我的担子和责任,我要对得起他,就没有权利自暴自弃。

从那以后,何宛方每天焚香静坐,专心至极,用工整的小楷书写《心经》,从不间断,寄托她对沈昌的无限哀悼与思念。昆明小石坝是沈昌亲自选点、亲自设计的铁路工程局基地,基地的医院、学校、办公房、机房、住宿等都留有沈昌的身影。面对这伤心之地,何宛方无法在那继续生活,接受小妹何明恕之邀,带着沈昌姐姐、父母和孩子去贵阳与妹妹家同住。

家里失去了顶梁柱，也失去了原来宽裕的经济来源。为了维持家人的生活，何宛方就应邀到任桐君办的贵阳实验小学里教书。任桐君，原名任荣，江苏宜兴人，与何宛方是江苏省立第一女子师范学校里高三届的同学。任桐君丈夫杨伟文曾是实业部部长吴鼎昌的私人秘书，1940年在贵阳筹办贵州银行。当时任桐君应丈夫杨伟文的公司之邀创办了建业小学，由于任桐君办学经验丰富，办学质量高超，毕业生大部分能考入中央大学、清华中学等名校。建业小学后改为市立贵阳实验小学，成为贵阳市名校。任桐君在选聘教师和招生上极为严格，不管是名流政要、达官贵人，递条子推荐的人，如果不合格，她会断然回绝。她曾说："实小有实小的规矩，如果符合条件，没有条子也会聘用；如果不符合条件，就算总统推荐也没用。"是一位不跪着办学的校长。何宛方受任桐君之邀到贵阳实验小学教书，并担任教导主任兼任六年级语文老师，她的才学一定是深受这位苛刻老同学的信任。

何宛方工作了一段时间后，想着老住在妹妹家也不行，才开始筹款自己买了房。新购的房子因地势而建，前面进屋，客厅饭厅是平房，再转后面卧室，实际已在二楼，下面是锅炉房和仓库。饭厅的另一面出去，便是一大片斜坡地，原本杂草丛生，后来却被沈蓓的外公整理成花园，石砌的台阶小径，两边种满了花，中间有个大花坛，种的是从昆明移过来的大丽花，雍容华贵，美不胜收。边上还有个菜园，四季时蔬不断。战争毁了他们南京的家，昆明小石坝更是伤心之地，在贵阳，何宛方总算又为家人构筑了一个美丽舒适的家。

谁知不久战火又逼近贵阳，日军打到了贵州独山，贵阳城处于惶恐不安之中。机关、学校纷纷关门，政府也号召大家各自逃生。有钱有势的都包车撤离，何宛方为了儿女的安全，她要努力把孩子带出去。经过她四处奔波打点，总算扒上了去重庆的最后一辆大卡车，这次她只带着女儿沈蓓，儿子沈荃随学校撤离。父母年纪大了，母亲的身体已不能再奔波在逃难路上，所以就没有随行。

沈蓓曾这样回忆这次逃难：

这是一次真正的逃难，那车用现在的"超员超载"都远不足以形容，光是行李，已堆得齐车头，再在原来的车篷铁栏上接上半人高的木棍，拉上一圈绳子，人就坐在这无遮无栏颤颤巍巍的车顶上。就这样一辆车，一面开，一面还有人往上扒，扒不上的哭喊着追呀跑呀，行李撒满一地。就这样一辆车，不久就盘旋在六盘山，中国最险峻的七十二弯盘山路上，悬崖峭壁下到处是翻车后粉身碎骨的尸体和车子的碎片，重重叠叠，有的已成白骨。我们车上也有人过山洞时，躲避不及，被刮下了车。一路上，各个村镇早已人满为患，到点一停车，妈妈就得赶快拎上全部行李，到处去求爹爹告奶奶借宿，有一次，实在没地方，我们娘俩，就宿在一个猪圈旁。第二天一清早，妈妈又得卷起铺盖，拿上全部行李，抢先上车，否则可能就被拉下。就这样，走了十多天，终于到了重庆，投奔妈妈的表哥赵祖康家。

赵祖康时任交通部公路总局副局长，在重庆时家住曾家岩，

第三章 初露锋芒

赵太太张家惠十分好客,他们家孩子也多,所以家里总是很热闹。后来,赵祖康在上海解放前夕做了七天的上海市市长,为解放上海立了大功。解放后,历任上海市人民政府委员、工务局长、市政建设委员会主任、规划建设管理局局长、上海市副市长、市人大副主任、市政协主席等职。是第一至六届全国人大代表。1981年后,连续当选为民革第五、六届中央副主席。1988年当选为民革中央名誉副主席。

那时,何宛方二妹何定方也在重庆,她时在美国救济总署为美国高级将领做翻译,也常来赵家看姐姐。妹夫曾锡珪是史迪威将军之首席联络官兼军务秘书、翻译组长,辅助史迪威将军做中、英、美三国军队的协调工作,并任阿尔姆将军主持的新兵训练处华籍处长。曾锡珪也是沈昌好友,他与何定方结合还是沈昌做的介绍人,此时正随远征军作战。后因蒋介石与史迪威闹矛盾,迁怒于曾锡珪。随着史迪威将军被排挤回国,曾锡珪失去靠山,曾被封杀。蒋介石曾下令:"凡是国民政府军队的各兵种机关,今后都不得任用曾锡珪。"曾锡珪将军身陷困境,引起了周恩来和陈毅的关注,特委派时任中共东南局副书记兼组织部长的曾山,秘密约见曾锡珪,劝其离开重庆政府到江苏盐城与新四军共同抗日。

关系再好,也不能老住在赵家。考虑到重庆市内房子太贵,何宛方便在北碚租了房子,把女儿沈蓓送入北碚小学继续学业。北碚,曾是缙云山下、嘉陵江畔一处弹丸之地。可是在抗战时期,随着国民政府迁都重庆,北碚成为陪都重庆的迁建区,大量科学文化教育机构进驻北碚,全国的思想精英在此集结。当时的北碚曾被称作"东方的诺亚方舟",文化大师郭沫若、老舍、林语堂、梁实秋等在北碚创作出《屈原》《四世同堂》《雅舍小品》等传世名作;剧作家田汉、曹禺、夏衍、洪深、阳翰笙等在北碚创作排演出《全民总动员》《塞上风云》等优秀剧目;教育家梁漱溟、晏阳初、陶行知、顾毓琇、孙寒冰等在北碚积极兴办教育。何宛方选择在北碚租房,可能还有她的文化情愫。

1945年秋,何宛方一家在重庆北碚,迎来日本投降。好几天,陪都重庆到处都是庆祝胜利的鞭炮与锣鼓声。抗战十四年,骨肉分离,背井离乡,在外流亡的人们,都在谈论终于可以回家了,盼着早日回到故乡。可是,这次回老家竟比贵阳逃难还难,即便何宛方到处求爷爷拜娘娘,使出浑身解数,依然没能买到当年回家的船票,全家只好仍在重庆等。直到1946年春,好不容易弄到了船票,当时女儿沈蓓正患着感冒,何宛方也顾不了那么多,因为错过不走,不知道又要等多久。回家之路也不平坦,在乘船途中,沈蓓高烧到40度,昏睡不醒,船上又没医生,急得何宛方不知如何是好,想尽办法为沈蓓降体温。总算熬到第三天夜晚在万县停泊,何宛方背起沈蓓就往县城奔。万县码头上是一道长长的梯阶,望不到尽头,何宛方却一口气把女儿送到医院,吊了一夜盐水,沈蓓才转危为安。

第二天,当她们赶到码头时,主轮座位已被抢占了,何宛方好带着姐姐沈骏英和女儿换到拖驳子上。轮船在闯三峡险滩,雨水从梯口往货舱里灌,何宛方只好用桶不停地往外掏水,弄得像个落汤鸡。船到武汉,在亲戚的帮助下,才换乘了游轮,回到了上海。

第三章 初露锋芒

回上海之后，全家迁至永嘉路大陆新村。这是沈昌母亲当初回上海时顶下来的房子，那时沈昌母亲带着沈昌的小儿子牛牛（沈元），沈骊英的两个女儿咪咪和茵茵，还有小女儿沈骥英一家住在一起。可惜，沈昌母亲在1942年初去世了。打那以后，抚养牛牛、咪咪就由沈骥英承担。

大家回来了，一个大家族终于又能欢聚在一个屋檐下了。但沈昌没回来，一定是何宛方和家人心中的痛。过去的战火中，何宛方失去了沈昌，失去婆婆、母亲，失去了二姐沈骊英，还有她们回到上海才知道，沈骊英的女儿鼎鼎，竟在余姚老家，活活被烧死在老屋里。国仇家恨，斑斑血泪，日寇的罪行罄竹难书。

本以为抗战胜利，全家可以过上安稳的生活，可是平静的日子又被内战阻断。物价飞涨，积蓄顷刻间就蒸发，为了减少开支，何宛方就把大陆新村的房子卖掉，在襄阳南路乔家栅隔壁二楼顶了一套公寓住。为了全家的吃饭，要抱着整麻袋的纸币，清晨等开门拼命抢购大米。

随着辽沈、平津、淮海三大战役的胜利，解放军势如破竹进军江南。尽管亲戚朋友有的准备撤，有的准备逃。这次，何宛方决定留下，因为她对蒋介石和国民政府已深恶痛绝，彻底失望。共产党领导下的新中国，正是她年轻时的梦想，开始日以继夜地出去做义工，很快被选入居委会，评为积极分子。不久又被吸收进妇联，成为正式国家干部，还被选为市人民代表。将近退休时，却被划为"右派"，回原籍松江"劳动"。好在松江乡亲没有为难她，安排她在相对体力强度较轻而又需要一定文化科学知识的蘑菇房种蘑菇。"平反"后，女儿沈蓓接她到杭州同住，苏堤赏花，断桥踏雪，再也没有战争的苦难。无论社会风云变幻，她都能神情自如，享受着她一生中含怡弄孙的时光。2000年2月28日瘁于杭州，享年九十五岁。

参谋水利

再说沈昌，调至卫生部不到三个月，又被借调到导淮委员会，任总务处科长。1930年7月，时任内政部代部长的钮永建又将沈昌调入内政部，任命为简任技正，派他前往各省市调查地政和水利。

1930年8月18日内政部令：派技正沈昌调查各省市地政及水利事宜，此令。1930年《农声》第一百三十七期，刊登标题为《内政派员调查省市地政水利，技正沈昌行将抵省，市府饬局届时接洽》的一则消息：

市政府奉省令准内政部咨开：现派简任技正沈昌分赴各省市调查地政及水利事宜；市府奉令后，昨日已转饬土地、工务两局长遵照，于沈技正到达时，务须妥为接洽。令云：为令饬事：现奉广东省政府字第1358号训令开；为通饬事：案准内政部总字第69号咨开：本部现派简任技正沈昌分赴各省市调查地政及水利事宜，除分行外，相应咨请照赐予接洽至纫公谊。等由准此；自当依照办理，除咨复暨分行外，合行令仰知照，一俟沈技正到达时，务须妥为接洽为要，此令，等因奉此；

第三章 初露锋芒

除呈复及分行外，合行令仰该局长即便遵照，妥为接洽为要，此令。

可见，对于这次全国性的地政水利调查，从内政部到各省市都非常重视。好在沈昌在美国时曾担任过水利研究员，从事水利也算是专业对口，加之各省市都很配合，调查很是顺利。基本摸清了全国各省市水利机构机关设置体系、水利设施的投入情况、水利机关的隶属关系等。

这次内政部派沈昌赴全国各省市调查水利，实是内政部对全国各级水利机关与设施的实地调查，核实各省市在几个月前上报的水利数据的真实性。为内政部总理全国水利行政，并对各级水利机关统筹规划，规划设计全国水利行政方案提供参考依据。

1931年1月，沈昌还受内政部指派，视察县市自治。当时，国民政府虽然颁布了《县组织法》《乡镇自治施行法》及《市组织法》，但各省市地方，对于县市自治执行落实情况如何，内政部并不掌握，亟应查考。为此，特派技正沈昌去陕西省开展实地调查。

1931年3月7日，时任导淮委员会副委员长的庄崧甫在第十六次国民政府会议上，拟提沈昌、王清穆为导淮委员会委员。庄崧甫呈告蒋介石批示：

淮工程艰巨，似宜广集人才，俾利进行。查有沈昌一员，留美工程专门，回国任事多年，通达地方情形，于淮河工程

研究有素；又王清穆一员，耆年硕德，督办水利工程有年，深得民众信仰，拟请提请国民政府会议议决特派为委员，以利会务，实为公便，谨呈主席蒋。

庄崧甫 3月18日

蒋介石的批示是：决议立准特派，照办。

淮河流域，在隋唐时期，富庶甲天下。旧唐书《齐澣传》称："自江淮达于河洛，舟车辐辏，人庶浩繁。"区域中的土地，均为农产丰富之良田。特别是运河开凿之后，淮河显然是南北交通的枢纽，遂成为发展商业的重要地区。但自南宋光宗绍熙五年，黄河阳武堤决口，导致南流掠南清河入淮，与淮水会流入海。从此之后，淮河水患，连年不断。明清时期，因河道泥沙淤塞越来越严重，多次改道，造成万顷良田，沦为洪泽。所以，历代有识之士都提倡治理淮河，消除水患。也有无数志士民众投入到导淮工程中，但因工程浩大，工费巨大，导淮设想始终没有成功。

民国时期，淮河水患愈演愈烈，灾害日益加重，导治淮河已刻不容缓，当时北洋政府以张謇为代表，组织导淮局，倡议导淮。但因军阀混战，财政困难，未见成效。后华洋义赈会也成立过所谓的导淮委员会，但后因与江苏督军齐燮元交集不清，上演了一出导淮闹剧，导治淮河始终停留在口头上。然而，淮河洪水泛滥，灾情越加严重，广大民众流离失所，哀鸿遍野。

孙中山在他在《建国方略》中提出过改良淮河水道。淮河流域涉及豫、鲁、苏、皖四个省,当时苏北靠运河灌溉的土地约一千四百万亩,导淮可让这一地区的粮食生产以及运输业等相关产业,产生巨大的经济利益。国民政府定都南京后,淮河流域的安危直接影响到国计民生。同时还是完成孙中山先生的遗愿,政治意义极大。于是,民国十八年(1929)7月,国民政府成立了一个阵容强大的导淮委员会。委员会由蒋介石亲自兼任委员长,前后有黄郛、庄崧甫、杨永泰、张人杰、陈果夫、陈其采、陈立夫、王震、沈怡、沈昌等二十多位委员会委员。即使在抗战时期,这个委员会也一直存在,只是工作重心转移至川黔滇地区,所以沈昌逝世前还一直是该委员会的成员。

国民政府颁布的《导淮委员会组织法》,还赋予了导淮委员会很大的特权。组织法规定,流域内地方行政机关及军队,对委员会导淮工作有协助保护职责,只要委员会认为地方军队颁布的命令,有妨碍委员会议决案的,委员会就有权呈报国民政府停止或者撤销。导淮委员会对主治河道两岸及湖沼涸出的田亩有处置权,对受益的田亩有制定税则征收等大权。导淮委员会不仅设有总务处、工务处、财务处,还配有警备队。

导淮委员会在筹措资金上,仍与华洋义赈会合作,后又获中英庚款董事会同意,在退还庚子赔款中获得导淮资金。虽然治淮工程浩大,这些资金只是杯水车薪,但这次导淮委员会着实做了一些工程。在1927年至1937年这十年中,完成了张福河、杨庄至套口子疏浚工程;整理六塘河及沂沭尾闾;兴筑杨庄活动坝、三河活动坝;完成高邮、邵伯、淮阴、刘老涧船闸,以及皖淮干支、运河涵洞等灌溉工程。共计完成导淮工程二十四处,投入国币两千八百万元。不可否认，这些工程，确是当时导淮委员会做的利国利民的大实事。

在导淮委员会，沈昌负责起草规程、审查提案，是庄崧甫的得力干将。他深入沿淮地区调研，提出过"指导农民兴办灌溉工程案""请办理研究事业案"等案，直接指导治淮水利工程。

1931年长江大水，被称是中国有史以来最致命的一场洪水。据资料统计，当年灾民的数量就已经达到了七八千万人，因为洪水而死亡的灾民达到十四万。上海市区及宝山、松江、太仓、川沙等地的海塘倒毁严重，而且修复工程进展缓慢。为此，1932年4月13日，江南塘工委员会成立，推定钮永建为委员长，但此时钮永建远在洛阳，无法回到上海主持江南塘工委员会日常工作。经时任上海市市长吴铁城与江苏建设厅厅长董赞尧商定，加聘沈昌为塘工委员兼长秘书，常川驻会，会同副委员长穆藕初办理宝山、松江、太仓、川沙、南汇、金山六县及上海市区的的塘工事宜。办事处暂借枫林桥的市政府内，当天就开始办公。

沈昌清楚，这又是件救急还担风险的事。就在上年汛期，江南海塘毁坏严重，宝山段东堤倒塌三十余处，灾情严重，引发上海绅董和群众不满。原江南塘工事务所所长薛兆枢，就因在抢险和抢修中诸多怠慢，徒事敷衍，玩忽职守，被蒋介石下令停职查办。这事还牵连到时任江苏省建设厅长兼主任秘书孙揆伯和江苏省水利局长的茅以新，两人均受到南京监察院的弹劾。茅以新曾回忆道："这次水灾，我的责任不小，深感愧对人民，为我一生中不可磨灭的污点。后来，叶公绰见我谈到这件事说，防汛本是地方官的责任,你们工程机关只能施工,哪能发动地方人力护堤防水。也为这原因政府未对你们处罚,否则若在前清,河督遇到倒堤是要跪在堤上受罚,甚至会被杀头的。"

所以,这次沈昌临危受命,来不得半点怠慢。副委员长穆藕初只是上海工商界名流,工程上的事还得沈昌主持。经组织测算,这次要完成江南塘工、宝山、太仓、松江等处的海塘修复,需要二百万元,上海市区需要一百万元。可是,当时中国面临内忧外患,国穷民困,筹款十分困难。"一·二八"事变,日军登陆上海时,又毁坏了宝山段不少海塘。为了在当年汛期到来之前,修复海塘,沈昌他们决定只有先修治标工程。款项由江苏省政府和上海市政府分头筹集。结果江苏筹到三十万元,上海以码头捐向银行抵借二十五万元。同时,塘工办事处紧急招募到原修筑过宝山塘的熟练工四百名,组织木桩数千根,借用新式打桩机四十五架,市区工务局还研制了新式的小桩架,于6月1日新旧工程同时开工。

经过三个月的奋战,全部工程竣工。完成的工程有宝山陈华浜、狮子林、薛家浜、牛头泾、岳墩、石洞北王庙、吴木烽至大川沙等;太仓有阅兵台、南北道、堂庙桥、杨林口等;常熟的有徐六泾、口东、口西等;松江二、三、四各段,共七千六百七十三多米海塘。

沈昌办事的认真劲和能力,受到了乡绅和百姓的称赞,也让同事们刮目相看。

第四章 绩纪扶轮

初掌铁路

1932年3月,顾孟余就任铁道部长,他对铁路建设进行了一系列的整顿和改革。当时中国铁路建设管理沉疴积弊、方法落后,铁路设备简陋、资金短缺,发展十分缓慢。顾孟余就任铁道部长之时,正是九一八事变之后,中日战争一触即发。他对蒋介石的军事独裁不满,以孙中山正统的接班人自居,站在铁道部长的位置上,他想改变旧中国的铁路建设发展缓慢曲折的现状,着手以整顿路务和偿还帝国主义旧债为主要内容的系列改革。按资本主义经营方式改进铁路管理,增加铁路设备,整顿全国铁路货运、改组客运秩序,统一标准,建立规范;提倡铁路、公路联运,提高铁路的运输能力。

想要改革,就急需人才。9月,顾孟余为统一全国国有铁路采购材料事权,着手改组购料委员会,四处招贤纳才。他把沈昌硬生生地从内政部挖了过来,以铁道部第836号令,委派沈昌、夏光宇、吴绍曾、李法瑞为购料委员会委员,并指定沈昌为主任委员。接着又在部内成立了料款委员会,主要是办理料款资金的筹划、保管、收支等事项,沈昌为当然委员。购料委员会的组织办事系统配置相当高,由部长、副部长直接领导,下设文书组、采办组、审核组、调查组,在国内重要商埠及国外设立办事处,还有自己的材料厂和材料研究所。

说到顾孟余,可以说是沈昌的伯乐。他原名兆熊,原籍浙江上虞,生于河北宛平(今北京市)。幼读译学馆,后留学德国,毕业于柏林大学。回国后任北京大学教授,并担任教务长,成为蔡元培的得力助手。在北大时,曾与陈独秀、李大钊等一起,专门研究过马克思主义,也撰文对唯物史观、剩余价值、阶级斗争等进行过剖析,亦是《新青年》的撰稿人。

"三·一八"惨案后,顾孟余、李大钊、李石曾、徐谦、易培基等五人遭到段祺瑞下令通缉,于是顾孟余南下广州。他拥护孙中山确立制定的"联俄、联共,扶助农工"三大政策,推动国民党改组。他在谈到改组派时,曾戏言:"一群狗,组织起来还是一群狗,不会变成老虎。如果是道义的结合与思想的相同,才有力量。"可见他对选人的要求很高。

在国民党联俄联共时期,俄顾问鲍罗廷很欣赏顾孟余。鲍罗廷参加会议时,对一般委员的发言,听都懒得听,连翻译都不要,只有遇到顾孟余、胡汉民、宋子文发言时,才要翻译。鲍罗廷回国后,丹麦驻俄大使曾问鲍在中国多年,中国政治上有哪些人物?鲍答:"第一顾孟余,其次胡汉民,第三李石曾。"可见当时顾孟余的政治地位。难怪易培基说顾孟余是"宰相之命而不宰相"。

顾孟余瞧不起蒋介石,认为中国不能靠他。所以,蒋介石邀请他当组织部、行政院副院长、中政会秘书长,他都不就。见其不肯做官,蒋介石请他担任中央大学校长,他与钱昌照商量,钱昌照跟他说:"蒋多次委派工作,什么都不就不好,大学工作比较适宜。"他便答应了,但做了两年中央大学校长,就辞职了。原因竟是蒋介石在复兴关中训练团举行纪念周,并调集重庆各大学校长参加,公文上用了"训话",顾孟余就不肯去,改由训导长周鸿经代表参加。这次"训话"中,各校长站立在受训学员的前排,蒋介石的训话还对中央大学有责备之言。顾孟余知道后,一气之下,不顾千余学生在其住宅外守候两天、含泪挽留,蒋介石两次登门慰留,仍坚决辞了职。

顾孟余爱惜人才,广结知识分子与青年。他做铁道部长时,最得意的几个帮手,是沈昌、邓飞黄、黄少谷、萨福均等人。沈昌无疑是顾孟余改革的得力助手,购料委员会在他的主持下,协同料款管理委员会、铁路材料会议等内控组织,出台了材料采购过程中预算、筹解料款、招标、采购、验收、交接的一系列规则章程,使全国国有铁路采购材料走上了正规。

1933年,平绥铁路管理局局长汤国桢提出辞呈,顾孟余与黄郛商量,由沈昌继任比较

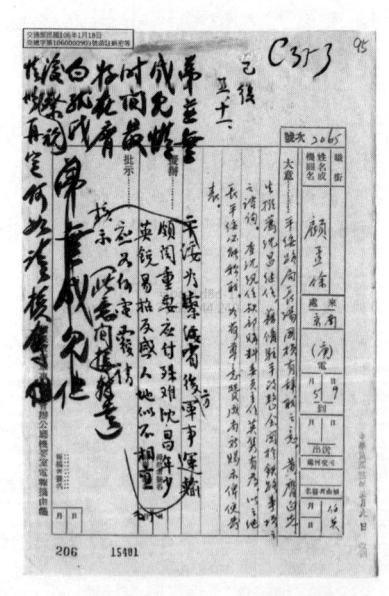

1935年5月9日顾孟余推荐沈昌任平绥路局长的电文

合适。他清楚黄郛与蒋介石的关系，所以让黄郛也帮忙出面推荐。顾孟余于5月9日向蒋介石去电，请示沈昌继任平绥铁路管理局局长，电文大意：

南昌蒋委员长：

　　平绥路局长汤国桢有辞职之意，黄膺白先生推荐沈昌继任，籍备驻平政务整理委员会，关于铁路事项之咨询。查沈昌现任铁部购料委员会主任委员，英隽有为，颇多建树，以之继长平绥必能称职。为荷？尊意赞成，尚祈赐示，俾便发表。孟余叩。

此件在国民政府军事委员会办公厅机要室电报摘由笺上，有二个办理批示。

其一：

　　平绥为察省后方，军事运输颇关重要，应付殊难。沈昌年少英锐，易招反感，人地似不相宜，应如何电复，请核示？（此意间接转告）

其二：

　　弟并无成见，惟时间最好，在膺白就职后视察情形再定，何如请核夺。

从这份电报摘录来看，显然蒋介石对年轻的沈昌担任平绥铁路工程管理局局长还心存疑虑，他还要在黄膺白到任后再定。

其时正值热河抗战，东北军溃败，东北全境沦陷。战火已烧到长城以内，古北口战事激烈，日军进逼平津，华北已危在旦夕。黄膺白正受蒋介石、汪精卫之邀出任行政院驻平政务整理委员会委员长，赴华北处理危机，收拾蔓延的战火，整理暴露在敌前的几个省，接收战区和救济灾民。黄膺白推荐沈昌自有他的想法，他此次前去华北整理政务，铁路虽然不在政整会职权范围，但平绥铁路在其"政务整理"地区之内。他规划的西北大开发，还以平绥路为中心展开。让沈昌担任平绥铁路管理局局长，可以协助政整会处理铁路事宜，还有考虑到沈昌与沈怡的关系，也算搭转来的亲戚，着实想让沈昌成为他整理华北、开发西北的好助手。

因为黄膺白的推荐和顾孟余的信任，1933年6月2日，顾孟余以铁道部令第1447号，任命沈昌为平绥铁路管理局局长，并呈报国民政府军事委员会和政务院，向北平及冀察晋绥五省市进行了通报。

1933年6月4日《京报》

第四章 绩纪扶轮

6月5日上午十一时,沈昌带着秘书张恕正式到平绥路局上班。召集处长、科长会见,相互认识。程文勉为总务处处长,陈文清为车务处处长,金涛为工务处处长,王弼为机务处处长。

整顿平绥

平绥铁路,是京张、张绥、绥包三线合一的一条铁路线。自北平至包头,行经北平及冀察晋绥五省市,为北连热蒙、西通新宁甘青的重要干线。全线共有六十六个站,干线总长813.82公里,支线58.14公里,共计有铁路线871.96公里。沈昌上任之前,由于连年的军事破坏,铁路上枕木朽腐,车辆残缺,事故频发,客货列车运行都不能正常,全路每月收入仅八十余万元。机构臃肿,人浮于事,全路员工一万一千人左右,每月需薪资五十余万元,还要向北平军分会解交协助军饷五万元,导致员工工资也是长期拖欠,员工欠薪高达四百万。又是外债累累,欠美、日各国材料费及借款达九千多万元。全路一付烂摊子,件件都是棘手事。

沈昌也清楚当时平绥路所处的环境,九一八事变后,东四省已沦陷,日寇把战火由热河榆关烧到长城以南,国民政府内政分裂,外交寡助。

平绥路局长沈昌

此时的国民政府行政院院长汪精卫,军事委员会委员长蒋介石,不顾全国军民抗日呼声,派行政院驻平整理委员会委员长黄郛与日方进行所谓的议和,被迫与日军签定了《塘沽停战协议》。黄郛虽自信"悲愿决不至卖国,智慧决不至误国",他与日本的谈判,是在"互相谅解下谋和平,绝不妥协,亦不求和"。但《塘沽停战协议》显然是城下之盟,是屈辱含垢的承受,被人评价为"梁武帝兵困台城,还在求佛救国。今日本以封豕长蛇之志,长驱中国,我反以恕求存,昏庸误国。千古如出一辙"。这次黄郛"跳火坑",有人直接说他是媚外求荣,可算秦桧,戏言他"欲恃长城,无秦皇之力;欲偷议和,无秦桧之才"。尽管黄郛多次声明,他是奉中央命令与日方交涉,所谈内容都秉承中央意志,但这黑锅真的不知道是该由他自己背,还是他替别人背。事实上,自九一八事变之后,国民政府在抗日的问题上总是敷衍塞责,暴露的是国民政府与蒋介石等"攘外必先安内""剿共急于抗日"的意图,所以才有后来蒋介石反而下令围剿冯玉祥、吉鸿昌、方振武的"察哈尔民众抗日同盟军"的行为。

沈昌临危受命,凭借在铁道部所显现的管理才干和为国效力的一腔热血,到任不久便采取整理债务、严管客货车辆、出售移民减价票、开办旅游业等"振兴路务"等举措,"重拳"之一乃是整饬沿线治安秩序。

二十世纪三十年代的中国北方兵荒马乱,该线平地泉(今集宁)至归绥(今呼和浩特)间的土贵乌拉、卓资山、旗下营等小车站,除下车旅客屡遭拦路者敲诈抢劫,还常有蟊贼、刁民拆卸风闸(压缩空气自动制动装置)等零件,导致货车因失

第四章 绩纪扶轮

去制动作用而无法再开行。

沈昌多次研究对策，采取措施。他要求铁路警局加强警务力量，派路警并联合当地警力，轮番在现场蹲守、巡查，并由专人携带易于被歹人拆卸的零件，赴沿线两侧数十里地以内的所有废旧金属回收摊点，让业主辨别认知，训令不许收购此类金属，若有违反，严惩不贷！

为防利欲熏心之业主继续犯案，检查人员经常杀回马枪，发现确有不法之徒将偷偷收购的零部件弄毁，假作废品藏匿于隐蔽之处，结果受到惩处。盗窃者慑于连番打击，冒险拆卸的东西没人敢收，便因断了销赃之路不得不收手。

整理平绥路看似风平浪静，实则惊心动魄。沈昌到任不到两月，就因军政当局要阻止方振武提取路款、冯玉祥军各部调拨车辆，要求平绥路于7月31日，下花园至柴沟堡间路段停止售票。实行分段通行后，仅售客票，收入锐减，平绥路每日客货车损失就是七八千元。

平绥路全路枕木朽旧多年，一直没有更换，事故频发。9月19日晚平绥第31次车在绥远附近福生庄地方出轨六辆。沈昌向政整会何应钦代表委员长请示，请求运输处拨军用列车，将新购到津之枕木十万根，悉数转运，即日抽换，以免再生事故。

整理平绥路、更换枕木、购买修理机车都需要钱。连月来，沈昌应对路务和军事影响，心急上火，牙疼发作。而在这时，还有别有用心之人，挑起事端，传平绥路局秘密向银行界借款七百余万元之说。教唆员工反对借款，并函八大银行，要求撤销所谓的"非法借款合同"。

为此，沈昌特会见《京报》记者，揭露真相。沈昌对记者说：

平绥路历来因受军事影响，及环境关系，营业不甚起色，路政窳败不堪。依目前经济状况而言，欲加整顿，实有举债必要。然本深恐增加路局负担，不敢轻易从手。外传借款七百余万，果有其事，固无庸讳言，而事实上则属无稽之谈。前此以平绥交通是断，为维持路政计，确曾向本国银行界借款四十余万元，最近又因大同煤业公司委托本路运煤，为添置车辆，便利运输起见，又向银行界商借四十余万元，前后共八十余万元。此款业经呈奉铁道部核准办理，而又为普通向银行透支之性质，既非秘密，抑且公开，外间不明真相，乃以讹传讹。又本人现对平绥路拟有复兴计划，预计工科等费用需款二百余万元，然此项工料，暂时可记账赊欠，将来陆续拨付，故亦无庸借款举办，俟本届淡月过后，即可实现进行。

沈昌清楚，全路整顿，需要路局全体员工的支持与参与，增强每个成员的信心。他在《勖勉全路员工文》中坦言：

外则苏俄革命，东北沦溺，便本路受莫大之影响。内则弊窦丛积，腐败益深，更使路政受无形之退化，责任既增，能力反减。言念及此，忧心如焚。本局长受任以来，始值平津多故，继遭张垣事变，惊风骇浪，人心危疑，绸缪维护，心力交瘁，此中经过当为同人所共见。然于本路基本设备之改良，债务之整理,不敢一日或懈者。正以国事方艰,职责日重,苟不早谋挽救,恐自拨之机,稍纵即逝,隐患四伏,人必将为我谋,虽有志而时不我与矣。

他号召全路员工:"要努力奋斗,共图挽救,清白乃心,痛改旧习。盖救路即所以救国,亦即所以自救,苟能振作精神,计日论功,则天下之人材物力,均足为吾助,此本局长深信不疑,而愿与同人共勉者也。"他要求全路员工:"上下一体通力合作,人人激发天良,怀为路牺牲之心,抢死中救活之志,以挽回狂澜。"

沈昌的整顿工作从解决员工的欠薪开始。上任的第二个月,就发布了《平绥铁路管理局筹还员工欠薪通告》,全文如下:

> 本路财政竭蹶,负债累累,即员工欠薪一项亦将近四百万元。本局长莅任以来,目击路政坚危,深知长此因循,必至债累益深,同归于尽。是以厉行紧缩裁汰冗员,核实料价,以事节流。一面严令车务处整顿收入,以图开源,治理匝月,微见成效。爰定自本月起,每月提款二万元,专户存储偿还员工欠薪基金,除拟具详细办法呈请。
>
> 铁道部核准后再行开始发付外,所有本月应提之二万元,业于提存在案。兹愿为我同人告者,本路欠外债总数已逾一万万元,均应偿还。惟员工与路关系最为密切,是以将欠薪首先整理,凡吾在路员工应本休戚相关之谊,坚存亡与共之心。此后办事益加奋勉,务使工作效率日见增加,材料耗

费减省,庶得打破难关,共救危亡,企予望之至欠薪登记办法,仰与清算委员会接洽可也。

特此通告。

局长:沈昌

副局长:段宗林

中华民国二十二年(1933)7月6日

从这份通告上可以看出,在沈昌看来,要做事业,还是要先做好人的工作。全路一万多人,连养家糊口的薪金都拿不到,还有什么心思做好手头的工作。他在经费这么紧张的情况下,决心每月提取两万元,作为欠薪基金,让所有员工吃了定心丸。他在进行裁汰冗员的同时,在全路首次推行员工养老金制度,按服务年限发放养老金。对月薪在二十九元以下,在职二年以上未加薪人员,一律改支月薪三十元。沈昌对员工生活的关照也是事无巨细,从解决员工住房到员工公共浴室管理,乃至食堂卫生等,处处为员工着想。设立了员工消费合作社、工人子弟职业介绍所,着力为员工解决后顾之忧。

沈昌对铁路的整理,思路也十分清晰,是从工务、车务、机务着手。工务部分主要是抽换枕木,筹购钢梁钢轨,增加行车速率;机务部分主要是安装货车风闸,扩充西直门四处车房,以期便利行车;车务部分主要是筹设长途电话,添置电汽路签,以便行车迅速安全。还建设了平绥路机厂,自己生产特别快车。至于沈昌是怎样整理的,平绥铁路管理局曾有份《平绥铁路整

理工作概要》,当时不仅上报了铁道部,还呈报了国民政府及黄郛领导的北平政务整理委员会。大体内容如下:

平绥铁路原系逐段筹筑,经费本不充裕,与他路之借大宗外款而造成者情形不同,一切设备喜不因陋就简。当时之人原冀,于开业后逐渐补充。不意国家多故,战乱频仍。工程日颓,补充失时,洎乎晚近,枕木朽腐,车辆残缺,行车之速率日减而事变日增,物质破坏已达极点。二十二年(1933)夏间,沈局长昌抵任。即将与行车最关密切之工、车、机各部份,亟应建设与改良者提前兴办。曾据择要报告如左(下):

(甲)属于工务部分者。首为抽换枕木,查全线共铺枕木153万根,多半早逾耐用年龄,朽腐断裂随处可见。致行车迭肇事变,不得已一再减低行车速率,为保安全。以致运输迟滞,路收日拙。昌到路后,立即抽换十五万余根,勉维现状,并为恢复行车速率至30英里。计决定再抽换全数百分之二十三,即36.35万根。关沟段内共铺9尺长轨枕木10000根,以该段路线情势特殊,腐朽更甚,抽换百分之五十,即5000根。全路各明桥所用桥梁枕木亦换5550根,全路各站道岔共换道岔木102副。以上购换各项枕木共费洋70余万元。

次为筹购钢梁,查由平地泉至包头干线,及大同口泉枝线各明桥当新工时代。因路款不充,所用桥梁大多以方木替代。兹为增加行车速率及免除危险,减轻修养起见,购换正式钢梁,以资永久。当购三丈工字钢梁22架,二丈工字钢梁130架,一丈二尺工字钢梁464架,一部分用铁筋混凝土,费洋30余万元。

次为筹购钢轨。查全线所铺钢轨使用年久，时有断裂。尤以关沟段内坡度陡峻，湾道紧削，车次过多。所用85磅加硬钢轨，外缘摩擦过甚，大多均应更换。前年虽曾以直线钢轨移置湾道，以湾轨压直移用直线，并又新购500根，择尤抽换，然亦不过补苴一时。此次再筹购85磅加硬钢轨500根，附带鱼尾螺丝2吨，及85磅钢轨500根，附带鱼尾钱20吨，以应急需，共计用洋8万余元。合计工务部份枕木、钢梁、钢轨三项共用100余万元，均由铁道部依法标购运路施工。

（乙）属于机务部分者。除扩充南口机厂一事，虽属急要之图。但核计需款在200万元以上，非现时财力所能及。拟俟将来另案筹办外，目前提前办理，以应急需者。一为安装货车风闸。查本路以关沟段坡度峻险，情形特殊手闸、风闸两项。非但客车，均应设备。即货车亦须装置，从前本路原有货车，凡在干线行驶者，手闸风闸均极完备。自民国十五年（1926）后，叠受战争影响，损失殆尽。近数年来，货物列车，行经关沟，仅恃机车风闸之力，以为控制。以致过山机车所能牵引之重量，每因限于机车风闸之力，不得不酌量减少。全路运量因之大减，查手闸一项，年来积极修配，货车之已添装者十有八九，运输容量业已稍增。惟风闸一项，亟应继续整理。因此先将现有之30吨及40吨车全数安装，其25、20、15及10吨之货车则暂行从缓。机全数运到装配费需30余万，复查本路机车车辆，近因战事多流外路，现存者则泰丰损坏，虽勉强用以维持运输，而什九均在应行大修之列。复因机厂能力薄弱，修理所需材料又不能应手，重要工作常告停顿未克，尽量赶

第四章 绩纪扶轮

修以期替换保养。倘应需材料能得充分接济再行替饬，机厂积极赶修，则自能得相当之成绩。为整理计，急应将机车车辆配件择要订购，以便从事修理。然应需配件为数太多，就其最急者估计，机车配件约需40余万元，车辆配件约需7万余元，两项共约需洋50余万元。再次为扩充车房，查本路各车房向未设置修车机器，故在他路，可在车房小修之机车车辆，在本路则非送入机厂不可，机厂既兼务小修工作，即是减少其大修力量，不但挂送费时且常因小修延误大修，损失之多，不言可喻。此次光就最急之西直门、康庄、大同、绥远等四处，扩充添设机器费洋10余万元，合计机务部份装置、风闸添购机车车辆配件、扩充车房3项，共需洋100余万元。亦已由大部依法标购，向外洋运到。

（丙）属于车务部分者。为筹设长途电话及电汽路签2项。查铁路运输之发达营业之兴衰，端赖车辆调度之敏捷，使货无积滞车无虚糜。欲求车辆运转之灵捷，非设长途电话专司调度不为功。查本路全线计长800余公里，际此运输日繁车辆缺乏。为裕收畅运起见，调车专用之长途电话设备实属急不容缓。此次决定购置机器及各项工料共费洋30余万元，业已运到，年内可以装齐。又电汽路签关系行车安全，约需洋16万余元，正在筹办，合计车务部分筹设长途电话及电汽路签共需46万余元。

综计上开，全部计划统共需洋256万余元。价款则以碻实银行之担保，自到货之月起，分30个月按月平均付给商家。尚乐从计每月付8万余元，付出之数已逾总额之半，明年即可全数付清以上。计划业已次第实行，惟机车车辆，终感缺乏，不足以应商贷之需要，幸承大部酌拨。旧车修理应用，并极力撙节路用，以积余之款购40吨钢车150辆。已到50辆，其余100辆年内亦可到路。统计一年以来，充实物质之材料价值在300万元以上。

沈昌在路务上精打细算，要把每分钱用在刀刃上。他上任三个月，就公布了铁路局购料的价目表，对三个月购料单价与前价比较，材料中大到焦炭、枕木，小到螺丝、螺母，平均减低27%。购料种类四百三十五项中，有二百七十三项单价下降，只有七项增高。降幅最大的一种材料，降了68%。这种公开，使得购料价格一目了然。他还向员工承诺："或仍有较市价为高者，尤望爱护本路同仁率直为告，俾明究竟，力图改善焉。"

至于平绥路整顿的成绩，1934年12月，沈昌接受过记者的一个采访，当时的《新闻报》《平汉铁路月刊》等都以《平绥路局长沈昌谈整顿平绥路近况》为题报道了此次采访。下面是《新闻报》1934年12月4日的报道：

平绥路自去夏经铁道部接收直辖后，派员整理，颇有进步。该路局长沈昌由京来沪，谒晤铁道部长顾孟余，对于路政有所报告，日日社记者特访沈氏于旅次，叩以平绥路最近状况，承见告甚详，兹录其所谈如下。

收入激增。沈氏首答记者问，关于平绥路之收入状况，近六七年来，不过七百余万元，经整理后收入激增，上月份（11

月)收入即达110万元,二十三年(1924)份收入约1500万元,较之以前适增加一半。至支出方面亦大减缩,每年可省100万元,现在开支每年不过600万元。

整顿债务。该路所欠内外债务,计达9000万元,其中日债约占三分之一,历来无法整理,最近经本人之多方努力,从事整理,现日债已完全整理就绪,美国债务亦整理三分之二,国内银行团零星料商,以及员工储金及欠薪等,已整理十分之九,结果债务总额,业经削减至6000万元,并一律停息还本,本年已付出者计现款200万元。

改良路政。沈氏继谈,本人对于路政决谋澈底改良,该路枕木,十年以来久未更换,以致大半朽腐,自铁道部接收后,已易枕木50万根,费100万元,货车已添150辆,值90万元,此外机器配件亦增添100万元,绥远以西之车站,路成10年,尚未建筑,现则包头萨拉齐二大站业于完工,其余八站,明年一律可告完成,客车方面亦大加整顿,每日有特快车一次,电灯暖气设备均全,一面并已动工自建新车3列,明春即可竣工,造价每辆仅费25000元,较舶来品几廉一倍。

注重技术。至整顿该路唯一方针,厥在于注重技术人才,盖顾部长以平绥素称难办,故各处技术人员,均择能力充足者,如车务处长金士宣,系国内有数之运输学专家,会计处长潘善闻,曾任中孚银行经理十余年,久著信誉,其他工务机务两处长,对于本业,均有二十年以上之经验。至于下级职员,如站长司事之类,咸以考试方法为进退。本人留沪三数日,即行北上返任云云。

自沈昌对平绥铁路启动整理之初，他就坚信只要守廉崇信，路务公开，细心接受员工意见建议，发挥全路员工的智慧和主观能动性，路政一定能够改进。沈昌上任平绥后，创办了不定期刊物《平绥路闻》，刊头由沈昌自己亲自题写，由平绥铁路局文课处负责编辑。《平绥路闻》自1933年7月出刊至1935年10月，共出刊四十期。

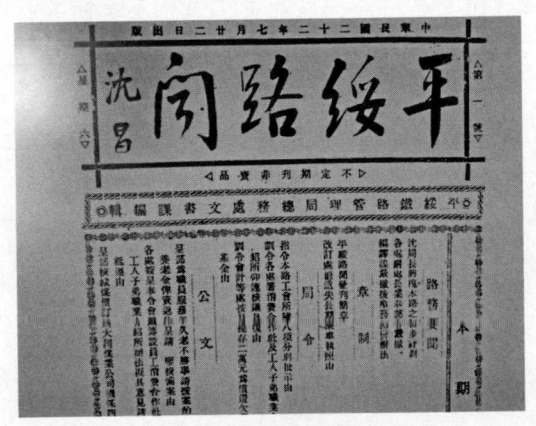

沈昌题写刊头的《平绥路闻》

平绥铁路局从公布重要法令及路务要闻，到员工建议，还有路局的通告、章程、规则以及财料采购的价格，晁勉员工的动员，都由《平绥路闻》及时公布。他曾在离任前几月，在执掌平绥路满两年之际，专为《平绥路闻》年刊写下叙言，着实是沈昌心系平绥的写照：

二十三年秋，余循岁终述职之义，有《平绥一》年刊之作。综一载所新历，与夫凡百执事之所营，汇集编纂，记其事，

第四章 绩纪扶轮

计其数。于因革之原,刷新之要,尤三致意,详略之际,识者善焉。

今者岁序复周,所司咸依曩例以其经历执守来告,大抵翔而不夸,足以徵往迹,勖来兹。爰复别部门,删除繁复,编次付印,都为一册,名之曰《平绥二》,与前编适可衔接互证。虽仍多专门家言,朴质无华,然数既可稽,言当有物,细加寻绎,得失自见。

夫平绥处贫瘠边远之区,承历年罢疲之后,整顿改良,原非一蹴可几。昨岁肇其端,本期继其迹,以往测来,宜若可为。溯此一年中淫霖迭至,微调频繁。赖内外协和,上下宁静,勉胜艰虞。故统计所昭,犹有尺寸几微之效,苟能继此一德一心,不矜不慢。矢之以忠贞,持之以坚忍,努力耕耘,不问收获。假以岁月,自克臻于上理,此则夙夜自励,且以勉我僚友者,后之爱斯路者,其果览是编而生同感,则平绥之幸也。是为序。

中华民国二十四年七月沈昌序于北平

沈昌对平绥的整顿,不仅深得铁道部的称赞,最终也得到了全路员工的支持。行政院驻平政务整理委员会《华北政务报告》中,也提到有关平绥局整顿的业绩。当年《华北政务报告摘要》中称,沈昌到任后,平绥局在十六个月内共收入一千二百七十五万余元。按之历年比较,除民国十四年外,较往年多收三分之二,以本届为最高。

另外，从黄郛向汪精卫、蒋介石的致电中可以看出，沈昌对于整理外债，还是强硬的，坚持"利不超本"的原则。特别是整理日本债务时，沈昌与日方谈了四个月，没有结果。后来，日本派了老经济学家内田胜司前来处理对华债务，内田胜司来沪与沈昌继续谈。平绥局欠日本的外债为五百二十万，而利息已积至一千二百万，沈昌主张利不超本，本利合计一千零四十万，分八百个月偿还，每月偿还一万三千元，亦可接受。但焦点在于此后利息如何，沈昌主张无息，而日方内田胜司最大的让步只能将原合同九厘息减为六厘，沈昌没有答应。最终沈昌还是在任内，清算解决了平绥路与东亚兴业会社及三井洋行之旧债，揭启了当时中日经济悬案解决的开端。

至于员工的债券，沈昌尽力为他们兑现。民国十年时，平绥路曾发行短期借款库券，共计有一百八十余万元。持券人多为中下的贫困户，急需用款，沈昌想尽办法筹款发清，赢得了员工的信任与尊敬。

泽被西北

以行政区而言，平绥路所经地域，有河北省的宛平、昌平；察尔省的延庆、怀来、涿鹿、宣化、万全、怀安；山西省的天镇、阳高、大同、怀仁；绥远省的丰镇、集宁、凉城、陶林、武川、归绥、萨拉齐、包头等二十余个县。沿线有宣化、张家口、归绥平原、丰镇、鄂尔多斯高原及大同盆地。土地肥沃，农林矿产蕴藏量大，谷类蔬果、畜牧、煤炭等特产十分丰富。以往因

第四章 绩纪扶轮

交通梗阻，居民与外界接触不便，人口稀少，经济发展缓慢。

平绥路起自丰台，与北宁、平汉、平浦轮轨相接，中经南口中、宣化、张家口、大同、平地泉、绥远，直达包头，既是入蒙要道，又是漠北重镇，还是甘新青宁的咽喉。所以说，平绥路的正常运行，直接关系到沿线各地的经济建设，以及人民生活。

政整会委员长黄郛，认为西北商业是维持平津繁荣之最大要素。自中俄绝交后，蒙古贸易不通，兼以战乱，西北商业，一落千丈。加之都会南迁，对平津市面的影响尤为巨大，决定西北开发以平绥路局为推行的中心。1931年10月5日，黄郛特召沈昌，详询平绥路准备情况，并令沈昌即日赴察绥一带，与地方军政长官接洽。沈昌于6日带领副局长段宗林及随员八人，乘车赴沿路视察。13日，沈昌会见绥远各法团代表，回答了法团代表提出的"减轻粟粮运费、便利物产运输、为开发西北来绥之移民免费乘车、兴筑包宁路"的四项要求。14日，沈昌一行结束视察，上午十时离绥返平。傅作义、袁庆曾、苏体仁均到站送行。

在接下去的一两年中，沈昌多次赴察绥地区考察，发现平绥路沿线县城以农业为多，农民占总人口的60%至80%，还有一批是游牧民，春去秋来，无固定住所。特别是山西省的农民，若遇荒年或者战乱，即成批外出逃难，安宁后回来的也不到半数。沿线商业以米粟业为主，另外便是面铺、油酒业及洋广杂货。工业有皮毛业、酿造业、制油业、麻绳业、造纸业、碱业、烧窑业、纺织业等，还有比如电灯、油粮面、甘草加工的新式工业。再就是矿产业，门头沟、大同、口泉、晋北、新保安、下花园等地的煤矿、煨炭出产丰富。

有了丰富的物产,运输显得极为重要,平绥线就如俯卧在西北大地上的大动脉,承担着货物运输的重任,着实是当时西北开发的火车头。沈昌在任的两年半时间里,在减低运费、加强联运、提高运力、保障货物安全等诸多方面,连续发布公告,推动货运。特别是对农产品的运输,采取了分段计价,减少运费25%—50%。我们从他签发的布告中,可以看到沈昌急农民所急的心情,如:

1933年9月23日第7号:正值秋季鲜果上市之时,为便于运输沿路鲜果,特发布公告。凡零担随时装车,整车一经到站要车,提前拨车挂运,倘系输外路,可原车过轨,以免转载。如有路员工役,有违章勒索及故意刁难等情事,各该商人,可具名来函或亲自到局揭告,以便严惩。

1933年9月,另一则布告则是:查牲畜运输,宜于迅速,长途载运,历时甚久,牲畜自不免于饥饿。而各站格于定章,又未便准予中途卸车饲喂,以致牲畜时有饿毙事情,殊非利便运商之道。嗣后各站过有牲畜车辆,务须提前挂运,如运程过远,历时过久者,得凭运商之请求,准在中途站卸车饲喂,免收装卸费。惟于重装时,须将头数覆检,以杜取巧。除饬属遵照办理外,此布。

1934年3月17日第24号,平绥铁路管理局减低蒙茶运价布告:查本路与平汉路负责联运蒙茶,业经订有特价,兹为提倡国茶,鼓励输出起见,经与平汉路分别奉铁道部核准,将运价再行减低,计茶叶改按普通运价五五折,茶砖茶末六折核收运费,定4月1日起实行。除呈部备案,并饬属遵办外,合行布告周知。此布。

沈昌在任平绥路期间,像这样减低运费,方便货商的布告有几十则,可见沈昌对农产品运输的重视。不仅如此,1934年7月1日,平绥路全线各站还与国内各路实行的货物联运,将西北一带的粮、煤、皮毛、水烟、甘草、蛋品等特产,通过平绥铁路运出平津、沪汉及外洋各国。

他还为参加铁道部第三届全国铁路沿线出产货品展览会,发布公告,致电各省主政,劝告这是振兴西北实业发展,推销国货的良机。希望沿线各地遴选出产精品,参加展览会,并亲笔为平绥路陈列专馆题词"绩纪扶轮"。展馆布置得非常精致,展馆入口就有"到西北去"的黑体大字,进口处有平绥路列车模型及平绥路沿线著名风景胜迹图。展馆内有矿产、皮革、药材、铁矿石、毛毯等西北特产,各类工业品更是琳琅满目,有长城、云冈石佛、明陵、广觉寺、千佛寺、居庸云台等景点的巨幅照片与介绍。他还把绥远名马"驹双闪电"拉到现场,在馆外设置试马场,安排了绥远红十字工会的织毯工人给游客表演织毯技艺。

当时绥远省为发展旅游业,决定每年春秋二季举行赛马,

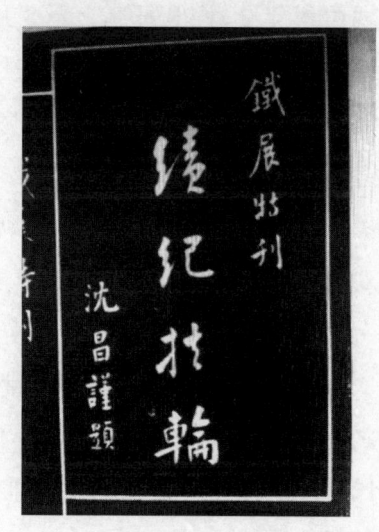

沈昌为铁展题词

沈昌全力支持,赛会人马往来乘坐普通列车,费用一律减半收取。这些事虽然不大,但说明沈昌为西北沿路的发展是用心的。

据1933年平绥路货物运输统计,全年共承运货物164.9余万吨,其中矿产99.5万吨,农产品40.8万吨,工艺品16.1万吨,牲畜品7.9万吨,林产品4000余吨。其货运收入达到了623万元,1934年达到772.3万,分别占全路收入的71.12%和72.84%。

除了货运,在客运方面,沈昌也想了不少办法,动了许多心思。首先增开的北平至包头双向的特别快车,改造列车内部环境,提高旅客乘坐的舒适度。他请人编写沿线旅游景点介绍,推介沿路各地特产,绘制旅游线路图,发售由前门、西直门两站发售至青龙桥、南口、张家口、大同、绥远、包头六站的旅游观光来回票。制定了包括恢复发售移民减价票的"复兴规划"。重新修订的移民减价票发售办法,办法规定:移民减价票发售日期由每年2月20日起,至4月20日止。成人按普通三等车车票之四成核收现款;十二岁以上、二十岁以下者减半;移民之母、妻及不满十二岁之子女,一律免票。

沈昌还致函冀、豫、鲁、晋、绥诸省政府,附送该铁路移民减价规则,请通饬所属,予以公布,并附函绥远省各垦务机关,对前来该省之移民妥为照料、安置。

当时沿线各省正遭旱、涝、虫、瘟等灾情,还有兵祸不断。农民迫于生计,不得不携妻带子外出逃难。沈昌优待移民乘车之举,在相当程度上取代了"杀虎口"走西口的通道,拯救灾民于水火之中,还促进了西北的开发,着实体现了他一心为民的天良。

第四章 绩纪扶轮

为了振兴大西北旅游业，提升平绥路客运业绩。1934年7月，沈昌邀请在美留学时的同学吴文藻和夫人冰心，以及雷洁琼、顾颉刚、郑振铎、陈其田、赵澄、文国鼐（MissAugustaWagner）等八位名作家和国内知名人士，组织了一个"平绥沿线旅行团"。从北京出发，沿平绥铁路考察访问，其目的是让更多的人了解平绥铁路的状况，以便向国人推介与宣传。

1934年7月，旅行团在考察中，与抗日前线的傅作义将军合影。左二起：雷洁琼、郑振铎、顾颉刚、傅作义、陈其田、吴文藻、文国鼐、冰心。

这次考察旅行，沈昌作了周到的安排，公务专列上，设备舒适齐全，卧铺、书案、会客厅，应有尽有。服务更加周到，连餐车上的厨师，竟称曾是北洋政府国务总理、交通系首领梁士诒的厨师。沈昌还为旅行团准备了平绥路完整的数据资料，比如各站点距离、海拔高度、沿线的名胜古迹简介等。沿线各站都有人接待，而且还有绥远省政府主席傅作义、晋绥军骑兵司令赵承绶等地方军政人士及蒙古上层人士的热情款待。

旅行团成员都是大学教授，这次平绥之行，教授们十分重视，各自分了工。郑振铎是作家、文学史家、翻译家，也是收藏家，负责古迹的考察；雷洁琼女士是社会学家、法学家、教育家，负责对沿线宗教的考察；顾颉刚是历史学家、民俗学家，负责民族历史的考察；吴文藻是社会学家、人类学家，他专门想了解蒙古毡房；陈其田是经济学家，他要关注的是沿线的经济状况；文国鼐是翻译家，负责编写英文导游小册；第二次同行的赵澄是摄影家，当然负责沿线的摄影；而冰心是家喻户晓的女作家，负责记载途中的印象。

对于这次旅行的目的与意义，冰心在《平绥沿线旅行记》序言中写道：

一、自从东北失守之后，国人蓦然的觉出了边防之重要，于是开发西北之声，甚嚣尘上。而到底西北在哪里？中国西北边况到底如何？则大抵茫然莫知所答，且东北沦亡，西北牧畜、垦殖，又成全国富源之所在，而西北的土地、物产、商运等各种情形，我们亦都甚隔膜。平绥铁路是人民到西北去，及货物从西北来的一条孔道，是个个国人所应当经行，应当调查的。

二、较早中国铁路之中，只有平绥线是完全由中国人自己计划，自己勘测，自己经营的。青龙桥长城之侧，矗立着工程师詹天佑公之铜像,这充分的发扬焦虑、深思、坚持、忍耐的国民性的科学家,是全国人士所应当瞻仰纪念,并以自励自信的。

三、平绥路线横经长城内外,所过城邑的人民风俗习惯,宗教信仰各不相同,是研究中国政治经济、文化的最好园地;同时,在国难之中,我们不当再狃于旧习,闭居关内,目边人为异族,视塞外为畏途,我们是应当远出边境,与各族同胞剖心开怀,精诚联合,以共御强邻的侵逼的。

四、平绥铁路的沿途风景如八达岭之雄伟,洋河之迂回,大青山之险峻;古迹如大同之古寺,云冈之石窟,绥远之召庙,各有其美,各有其奇,各有其历史之价值。瞻拜之下,使人起祖国庄严,一身幼稚之感,我们的先人惨淡经营于先,我们后人是应当如何珍重保守,并使之发扬光大!

旅行团这次考察,第一次是在7月里,大家从清华园出发,至平地泉因路断折回。第二次是在8月里,这次从清华园直达绥远,再到百灵庙、包头等地。

在前后两次的考察过程中,旅行团对祖国大西北的直接了解,各有感触,记载甚多。特别是冰心,她对考察旅行情况逐日进行了记载。历时三十一天的考察,冰心他们收获颇大,考察结束后,冰心汇同诸人的观感文章,著有《平绥沿线旅行记》,连载在1935年《铁路杂志》第一期至第四期,次年由北新书局出版,书名改为《冰心游记》,风靡一时。书中不仅介绍了平绥沿线的古迹、物产、风俗,还有沿途的景色、社会情况和民间疾苦,

以及作者的所思所想。

另外,郑振铎在《文学月报》第三卷4563期上发表的《西行书简》,以书信杂记的方式,记载了旅行的全过程。虽然与冰心的注意点不同,他偏重于自己研究领域的文物古迹,但"在四百呎地下,面对煤矿工人的惭愧与沉默"和"在药王阁看到'与鬼为邻'的老婆婆"等细节处,还是能给读者心里一戳的。平绥路沿线的塞外风光、逸闻趣事,在文学大家笔下是那么的活脱脱。教授们当年的文章,即使已过去八十多年,你现在再去读它,还一定会对平绥路沿线的人文、风情充满向往,有萌生去沿线旅游的冲动,可见沈昌当年的智慧。冰心也用上了"罄笔难书"一词,来感谢沈昌组织的这次平绥路之行。

在冰心的日记中,我们还能发现沈昌风尘仆仆巡视在平绥线上的身影。

7月16日,丰镇,距丰台站428.10公里,高度1184.148公尺。晨七时许,闻平绥路局长沈昌先生快车停此,将往卓资山视察铁路冲断处。隔窗匆匆招呼,听说刘半农先生到百灵庙考察方言,得病回平,不治而逝。

时值连续暴雨,平地泉至陶卜齐间灾情严重,三道营、旗下营有多处轨道桥梁被冲毁,沈昌亲自赴受灾铁路段组织抢修,几天就修复了旗下营至卓资山的路基和桥梁,铁道恢复通车。铁道部长顾孟余,对沈昌及平绥路局工作人员在遭遇水灾中能敏捷处理,使交通不致久断,颇表欣慰。特传令嘉奖,以资鼓励。

沈昌在平绥路任局长期间，在整顿路务的同时，他也关心着西北的建设。他计划延长平绥路，兴筑包宁路（包头至宁夏），为开发西北交通打头站，也是平绥路扩大业务的根本大计。在陇海路潼西（潼关至西安）段，1934年内通车后，预算一千万元，兴筑包宁路。每当他在沿线视察铁路时，不忘记考察地方建设。他曾在赴潼关西安参观潼西路工程后，有过《谈关中建设》一文：

  潼西路客货车已通至临潼，距西安约五十华里。工程车已达浐桥，距西安仅十里。浐桥已在架桥梁，二星期内即可完成。坝桥则已先筑成便桥，故年内准可通车西安。工程做法十分满意，该地新经大雪，而土方毫无损坏，临潼附近尚未铺石渣，而行车甚稳。建筑费连一部分机车车辆在内，约九百万元，每公里合六万元，较之外籍工程师所造之路便宜甚多。至于西安以西展修西兰问题，从前以为经过六盘山时施工甚难，现经实测结果，走南路坡度可做到千分之十五，已不能谓为过陡，施工亦较易，建筑费约需一万万元，故该路继续西展不成问题。大约第一步先展修至咸阳，因咸阳为陕西、陕北、陕南各大道之总汇。
  继展至凤翔及天水，至此即可西接甘肃，南引四川之货，陇海沿路棉花山积，出产之多，品质之良，远迈往年，大约已报运者值二千四百万元。实在已流入陕西之现洋已逾一千万元，且棉花即大量输出，一切打包搬运等附属事业亦即发达。人民购买力大增，最好现象为耕牛西行，盖陕西大荒六载，耕牛及骡马宰杀已尽，最近始纷纷购买，山陇海输入者络绎不绝。

从前西安城内沿街驻满难民，现在已一扫而空。地方平靖，临潼至西安之汽车，可以夜间通行，往返均毋须警戒，绝无盗匪之虑。气象之佳，非身历其境者，断不能信。究其原因，虽因天时转变，人民生活较易，而军民合作，努力绥靖，使地方渐安，民能乐业，实其最要原因，最可嘉慰者，陕西已有百分之五十以上县份本年无一颗烟苗，此实邵力子氏到陕西主政后之绝大成绩。省收入已自一千一百万元增至六千四百万元，而每县均有预算，切实奉行，一般人对陕省每多怀疑，认为不易发展，而本人此次游陕，得睹其建设之速，政治之良，在出人意表，证明开发西北，前途可以乐观。因陕省近数年来均以多灾多难著称，而一旦得贤明长官之领导，经济亦渐恢复，政治日见清明，则其他西北省份之希望，定当不在陕省之下。

此文发表于1934年12日23日《导光周刊》第四版，看得出沈昌不仅铁路业务熟悉，每公里建筑费，新筑支线的难易程度都了如指掌，烂熟于胸。而且对地方经济、人民生活、治安情况都十分关心，他欣赏邵力子主政陕西的成绩，确信只要主政者贤明，大西北开发就有光明的前途。

蒙辱请辞

经过沈昌两年多对平绥路的整治，各项工作走上正轨。此时的平绥路沿线各站，客货报运后，五天内就能运出；客车已整理得与京沪一样舒适便捷；旧债百分之九十五都已整理完毕。无论是营业收入，还是员工薪金、债务清理等都取得很不错的成绩。铁道部和平整会都非常满意，黄郛还把沈昌整理平绥局的成绩，向国民政府军事委员会委员及行政院进行了汇报。沈昌自己也觉得欣慰，他计划展筑平绥线支线，造福大西北。

1935年3月23日，沈昌向时任国民政府军事委员会武昌行营秘书长的杨永泰发电报，内容为"平绥路营利及拟筹筑包宁第一段路线情形"。

畅公钧鉴：

绥站侍别，倏又半年，邈听勋猷，曷胜向往。绥路仰蒙橄荫，日有起色，去岁收入现金达一千零五十余万元，军运记账尚不在内，打破历年记录。本年八十日之收入较去年同时又增七十余万元，预计二十四年份可达一千二百万。而开支撙节较前缩减，按期偿债之外，足资整顿设备。举凡枕木、站屋、客货车辆、电讯等等，除旧布新，粗具头偌。窃维本路沿线，民风淳朴，与京沪等路之关系国际观瞻者，性质不同。建设补充，但求朴实，不必过事华美。现在既有余力，先当设法展长路线，以期深入西北。拟即筹筑包宁第一段，路线由包头达五原，计程一百七十余公里，预算九月初工，期年完成，需款仅三百五十万元。路方可筹半数，其余银行方面亦乐于投资。作民、达铨（吴鼎昌，1884—1950）诸君赞助尤力，惟平绥现为国防第一线，凡所设施自应格外审慎。如蒙陈明委座，尤所跂祷，至就经济论，则此线一通，河套之食粮,蒙地之青盐,均可直输平津,为利之溥不可胜言。

再筑路经费,经昌切实研究,每公里二万元(山地则三万元)足可敷用。最近因本路去年水灾,特在平地泉绕作新道二十余公里,以避黑河。每公里实费尚不及二万元,盖选料雇工有种种节省之法,昌与韦度,日夜讲求,略有心得。闻四川有开发之议,自必以筑路为先。而欲路成,必先讲求省费之道。故附陈概略,籍备忝考肃此。

敬请

崇安

沈昌谨肃

民国二十四年(1935)3月23日

杨永泰收到后,发了回电。

致沈昌立荪吾兄:

勋右顿首。

惠书具审,种切吾兄对于平绥路力加整理,日有起色,收入激增,昭然可睹,足证实心任事,至为佩慰。展筑包宁一段之计划,处处求经济,尤见尽筹,已为转陈委座。尚望循此方针加紧进行,俾此新猷,早获欢成,为幸。

专复敬此

勋祺

弟 杨永泰敬上

(拟稿日期4月14日,4月15日发)

杨永泰回电称，将沈昌的报告转呈蒋介石，并对沈昌取得的成绩表示佩勉。看得出这时的沈昌对铁路建设信心满满，正在计划展筑包宁线，而且筹集筑路资金来源都已设想好。他还专门与阎锡山商量过，想采用兵制修筑包宁线。

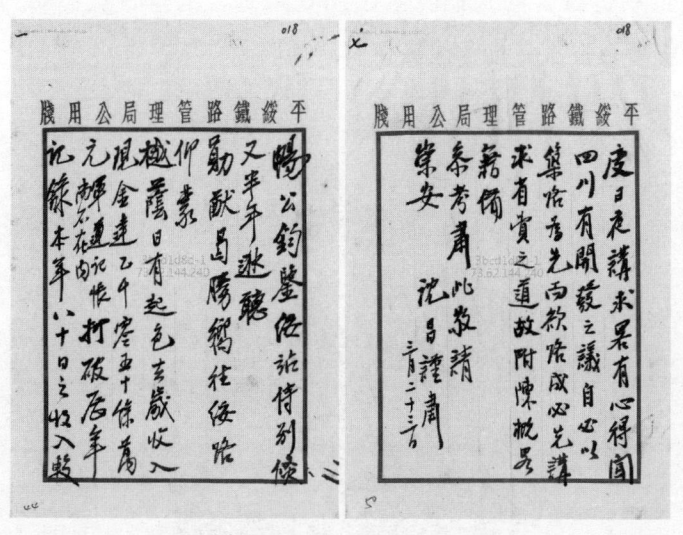

1935年3月23日沈昌函杨永泰

这一年，铁道部正为执掌津浦路的人选发愁。津浦铁路，早在清光绪三十四年（1908）通车，最初由钦差督办，入民国改为局长制。1931年，孙科任铁道部长，以局长制办事，欠缺商量，改为委员制，任陈延炯为委员长。孙科去职后，陈延炯也辞职不干了，以卢佐继任，不久又改任军委会交通处长邱炜为委员长。1934年冬，邱炜回原籍浙江龙游，为母祝嘏，不幸在老家患盲肠炎病逝。所以，津浦路委员长一职，一直由总务处长陈铭阁代理。陈铭阁是军界人士，管理铁路说实在不在行，津浦路上下被弄得人心惶惶，该做的工程也停了下来，铁路运行业务直线下降。铁道部长顾孟余曾在养病北返时，顺路对津浦路进行视察。他感觉津浦铁路的委员制采取合议，殊少伸缩，而易至散漫。病愈回到部后，向行政院长汪精卫面陈，决定废除委员制，改为局长制。至于局长人选，他首肯沈昌。为此，他给蒋介石发报，推荐沈昌执掌津浦路。

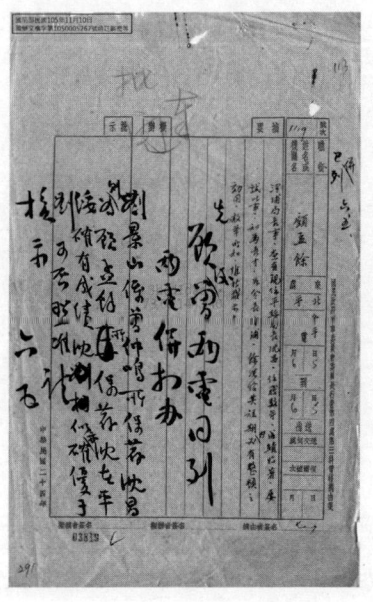

顾孟余推荐沈昌掌津浦路电文

巴县蒋委员长尊鉴：

　　津浦局长事，关系整个路政前途，最钜新任人选。拟注重耿直廉洁，奋发有为之士。路局中位高历深者，大抵顾虑太多，难期振作。查有现任平绥局长沈昌，任职数年，成绩昭著，屡试以事，知为长材。如令长津浦，余深信短时期之内，必有整顿之效用，敢举陈以付其求治之意，维讫裁夺电示。

职孟余叩

在津浦路人选上，时任铁道部次长的曾仲鸣推荐的是西北办事处主任刘景山，他也曾给杨永泰发电，请示津浦路委员长人选。

成都杨秘书长畅卿先生：

勋鉴谐密。删日呈介公一电未得复示，兹再译寄，乞便中呈阅为恳蒋委员长钧鉴。昨奉佳电承示津浦委员长人选问题，钧座关怀路政极为感佩，仲鸣意信任经委会西北办事处主任刘景山，为铁路专家，资验均富，可以派充。惟此事关系较大，曾去电请示孟余先生，顷得复以现任平绥路局长沈昌年来办事颇多成绩，拟以调充。究以何人为宜，仲鸣未敢擅专决定，仍盼指示，以便遵命发表也。

曾仲鸣叩印

收到顾孟余、曾仲鸣二人推荐电报后，杨永泰在转呈蒋介石的拟办意见是："先顾后曾，两电同列，两电并拟办。刘景山系曾仲鸣所保，沈昌则为顾孟余所保荐。沈在平绥确有成绩，沈似亦确优于刘，可否照准，请核示。"显然在津浦路人选上杨永泰也倾向于沈昌。

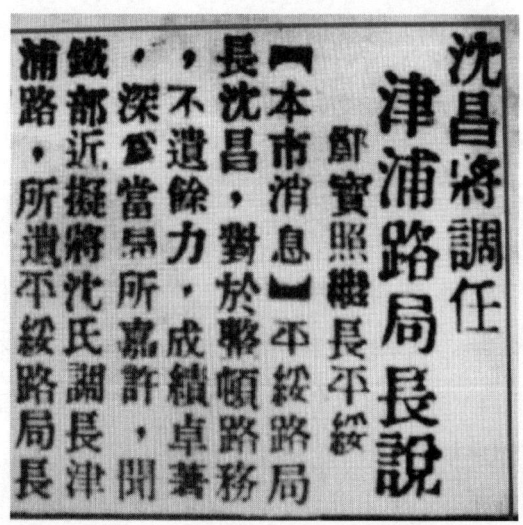

1935年6月19日《益世报》

顾孟余还托钱昌照向蒋介石游说,帮助解决津浦路的事。为此,钱昌照还特地到峨眉山军官训练团去见蒋介石,说顾如果不能指挥津浦路局,工作就有困难,想把沈昌调过来兼管津浦路局。据钱昌照回忆,当时蒋介石还爽快地答应了。

6月4日,正在处理"华北事件"的外交部次长的唐有壬给杨永泰发电,好似他也关心津浦路人选问题。

> 成都行营杨秘书长畅卿先生勋鉴:
> 陷酉蓉电敬悉,俏密。此次华北之事可为痛心,壬虽无足齿数而奉职,无状疚惭何极。汪先生拟俟有告,来时对华北问题与之彻底商讨,精能得一轮廓限度,以为如何。津浦路局问题,铁部推荐刘景山在前,孟余兄推荐沈立孙在后,

揣情自以沈程为准。缘在过去两年孟余兄颇倚重刘景山，资以整理湘鄂路之任，未能如所期待故也。至递遗平绥，应如何通盘规划一层，已电告孟余兄矣。

有壬叩

显然在津浦路人选上，还真的有点复杂。然而，正当在遴选人选之际，国民党中央党部突然要以违反党纪为由，对沈昌给予处分。7月5日，中执委会向铁道部发公函，称沈昌"毁党妄为"。

函为平绥铁路局党务整理委员兼平绥路局局长沈昌毁党妄为，经本会常会决议，平绥铁路局党务整理委员撤职并送中央监察委员会暨政府，分别议处。除分行外，函达查照，交行政院转饬铁道部送照。

8月16日，上海《新闻报》更有报道称，15日上午，中监委常委吴稚晖，决议开除平绥路局长沈昌党籍。

9月23日，津浦铁路工会理事会出版的《工训周刊》发了一则特讯，题为《铁长顾孟余拟将本路改局长制并保荐沈昌为局长》：

南京特讯：铁长顾孟余拟将本路改局长制并保荐沈昌为局长。本路自前委员长邱炜，去年在藉病故后，委员长一职，暂由总务处长陈铭阁兼任。现铁顾以委员会办事散漫，拟仍改局长制,此事并闻16日铁部召开之部务会议中,已由部长顾孟余保荐沈昌充任。沈于前日来京已晤顾氏,昨日赴沪。查沈为浙江嘉兴人,毕业本京东南大学,嗣留学美国习市政,回国后曾任苏民厅科长,镇江县长,系黄郛外甥。黄任平整委长,荐沈充平绥局局长,在平绥路局任内,因触犯党纲,被开除党籍。今顾氏之特信,来长津浦,其平绥未完之志,或能在津浦献其宏猷云。

(兹获今日临时消息,铁部对于此项新闻,已由秘书处声明否认,确无此种事实。黄郛亦声明沈昌非其外甥,惟查新闻来源,颇有出入,该沈昌实有欲长本路之活动,此种空气京申之关极浓厚,今对于此事,既经铁部正式否认,谅已无现可能云。)

这则由津浦路发出的特讯,后面的解释有点不解,既然知道此条新闻不实,来源颇为可疑,为什么还要发出来?不知道编辑是什么用意。

中执委的调查,报章的一些议论,中央党部却要开除沈昌的党籍。顾孟余又坚决不赞同决议,要求取消决议案,还要派沈昌出国考察,一时弄得沈昌自己不知如何是好。此时的沈昌一定很想探听一下国民政府高层对此事的意见,于是他就给杨永泰发了一个电报,进行咨询探问。

成都行营杨秘书长畅卿先生赐鉴:

侅密。昨奉铁部电,派昌出国考察,此是昌之夙愿,顾

第四章 绩纪扶轮

部长亦甚赞同。只以平绥环境复杂,未便轻动。是以迁延至今,此次忽促电派或系党部对昌处分所促成,现定月底成行。惟平绥近数月来纠纷日多,风云渐急。在此紧要关头,昌出国远游,委座或以轻视责任见责。此则惟有求公之婉为陈辞耳。

沈昌叩宥

杨永泰给沈昌的回电是。

北平平绥路沈局长立荪兄:

宥电收悉。密当如转陈,兄之电派出国原因何在,此间毫无所知,党部对兄有何处分更无所闻。感戍蓉叩。

弟永泰

1935年8月27日20时20分

让沈昌意想不到的是杨永泰竟然不知道此事,也可能杨永泰知道内情,还不肯透露。在国民党中央党部要处理沈昌这件事上,顾孟余倒是态度坚决,他病愈回到铁道部后,就与同仁商议,表示坚决反对。对于此事,1935年9月19日,时任铁道部总务处长、津浦路代理委员长陈铭阁,曾给蒋介石发过密电。

成都行营委员长蒋钧鉴:

道密。顷闻业经中央党部决议开除党籍之沈昌。一方进

行取消决议案,一方谋长津浦甚力。顾部长召集部中高级人员密商,众不赞同,复向汪院长要挟,志在必行。由各方证明事颇确实,谨电密呈。

职陈铭阁叩皓印

这事在当时一定牵动了好多人,连蒋介石随从秘书、奉化人陈舜耕,也向蒋介石报告了此事。

总座钧鉴:

最近大部确息,顾部长力保沈昌任津浦局长。沈前任大部购料委员会主任委员,深得部长倚重。但沈本人最近在平绥路因触犯党纲,永远开除党籍,舆论多数不满,党方反对尤力,不知能成事实否?

津浦自由陈铭阁先生兼任委员长以来不过八月,易长之说已起四次。每次路员人心惶惑,凡事停顿,损失不可计算,所有全路员工深感痛苦。

私见兼代局面,无以安人心,亦无以戢野心,如是全线业务进行困难,非津浦之幸。谨呈所见,伏乞钧鉴。

舜耕谨上九、廿三

回过头来,国民党中央党部为什么要以"毁党妄为"来开除沈昌党籍?在中执委会发给铁道部的公函中,没有陈述违纪事实,何来"毁党妄为"？在1935年8月14日《世界晨报》有一则题为《津浦路局委员长与沈昌》的消息中，我们能看出端倪。

> 津浦铁路局，自委员长邱炜逝世之后，角逐继任者，颇不乏人。平绥路局长沈昌，亦为其间之一。然因种种关系，独未知鹿死谁手也！按沈为美国康乃尔大学所毕业者，习铁路工程等学，极有心得，因为铁长顾孟余所宠信。沈亦少年气盛，办事方面，不无睥睨徐子之慨。当华北事件紧张之际，彼闻大批党务人员，有沿平绥路而思南下者，沈不以为是，竟一概拒绝登车，以是乃启党部人员之反响。并以其情，诉之最高党部，要求处分，甚有欲将沈开除党籍之意。……

一定是大批党务人员，既不记账，又不联络，也不购票，想免票强行乘车，不然沈昌不会拒绝登车。查及史料，大批党务人员南下，着实是以日军掀起的"华北事件"有关。1935年5月29日，天津日本驻屯参谋长酒井及日本大使武官高桥，在北平先后访问驻平政整会秘书长俞家骥及军分会委员长何应钦，根据口头申述，说孙永勤部在遵化附近与日军作战时，中国官宪有援助之嫌，日方认为我破坏塘沽协定。又说天津日租界两报社长被暗杀事件，与中国官厅不无关系，认为是中国排外的举动，并威胁说，若中国政府不加以注意改善，日方将采取自卫行动。并提出了六条要求：

一、使于学忠下野，河北省政府移至保定；

二、中央撤退；

三、天津市长张廷谔及公安局长李俊襄应即更换，宪兵第三团团长蒋孝先及军分会政治训练处长曾扩情，予以免职；

四、河北省市党部及军分会训练处停止活动，并解散反日团体；

五、亲日新闻社长之暗杀人，逮捕严罚，被害者之损失赔偿；

六、取消排日书籍。

这些无理要求，着实是自"塘沽停战协议"，国民政府苟安态度种下的苦果。然而，急于剿共的国民政府，竟然几乎又全部答应了日军提出的要求。5月30日下午3时40分，刚刚升格为大使的蒋作宾，赴外务省访问日本外相广田，表示中国政府对河北问题，愿竭诚相商解决办法，希望力避使事态重大化。而日本驻华武官却在华强势活动，5月31日、6月3日，日使馆武官雨宫二次急见外交部次长唐有壬；上海日武官矶谷及影佐于30日晚5时访黄郛，矶谷随后又北上与华北日驻军司令官梅津会面，态势咄咄逼人。

国民政府命令何应钦主持应付华北事件，6月4日，何应钦口头向日驻屯军参谋长酒井、日使馆武官高桥表示，就天津胡（恩溥）白（逾桓）两报社长被暗杀事件，已严令河北省政府转饬天津市政府协同缉凶；至于孙永勤部问题，军分会已令河北省政府令警团协同围剿，业于将其消灭；遵化县长援助抗日部队一事，已令河北省政府转饬严查，如果有实据，自当照律惩处。

6月10日，国民政府还颁布了《睦邻敦交命令》：

> 我国当前自立之道，对内在修明政治，促进文化，以求国力之充实；对外在确守国际信义，共同维持国际和平，而睦邻尤为要着。中央已屡加申儆，凡我国民，对于友邦，务敦睦谊，不得有排斥挑拨恶感之言论行为，尤不得以此目的，组织任何团体，以妨国交，兹特重申禁令，仰各切实遵守，如有违背，定予严惩。此令！

蒋中正还在《中央党务月刊》1935年第85期上登载《如何改善中日关系》中大谈中日亲善，竟大言不惭地说：

> 自"九一八"事变以来，国民均持赴国难的决心，凡是破坏和平统一的人，没有不被打倒的，像闽变只经一个月，便平定了。由此看来，若说中央无统一的能力，是不通的。又像江西赤匪的讨伐，现在已经完毕，在各地方，固然还有若干残匪，可是也渐次归于肃清，中国已经统一了，中国的内战时代已经结束了，这是可以断言的。

在别人枪炮的威逼下，还谈什么"确守国际信义，维持国际和平"。在国民政府如此的苟安态度下，最终何应钦迫于日军的淫威，又顾及蒋介石"攘外必先安内"的政策，与日本华北驻军司令官梅津美治郎秘密签定了《何梅协定》。接着就是河北重要官吏更动，河北省府移至保定，取缔秘密团体，党军相继离平。河北省、天津市、北平市国民党党部接到中央命令，停止工作。军分会也下令将驻北平的第25师关麟徵部调赴陕西剿共。驻南苑的第二师黄杰部，则收到命令，移驻豫皖边区。日军还派出三十架飞机，侦察我方军队移动。古北口方面的日军开至密云、怀柔各地。

华北事件之后，接着又发生张北事件。日军出动驻满特务机关长土肥原、平使馆日武官高桥，就张北问题与中方交涉，中方代表是察省主席秦德纯、政整会参议雷寿荣。双方谈判后又举香槟，又是合影，但谈判结果是：中方处罚事件的责任者，撤换132师参谋长、军法处长；互相谅解，以后不发生此项误会。秦德纯清楚得很，这种无尊严的和解必然要遭国人的唾骂，所以他面对记者时强调说："谈判经过，随时在请示中央，完全是依照中央回训办理。"

自己国家的军队不坚守国土，不去驱赶入侵的强盗，保家卫国，即转而同室操戈，残杀同胞。有良心的国人，心中都会窝火憋气。也许此时的沈昌真看不起纷纷南逃的党务人员，一贯趾高气扬的国民党党务人员，哪受得了上车遭拒的藐视，可能也是把气撒在了沈昌身上。

最终，所谓经中监会通过，开除沈昌党籍之事虽无下文，但沈昌提出了辞呈。9月19日，（铁道部令总字第412号）沈昌辞去平绥铁路局局长。11月6日，国民政府第2637号令，平绥铁路管理局局长沈昌辞职照准。

不知道铁道部有没有对沈昌进行过安抚，抑或挽留？反正铁道部是专门安排沈昌以铁道部顾问的身份赴欧洲、印度、日本考察铁路，说明顾孟余还是很信任沈昌的。

10月9日，沈昌乘意轮康脱凡号出国，先赴印度，再去欧洲。

第四章 绩纪扶轮

1935年8月27日《太原日报》

在出访前一天,他接受了上海《新闻报》的采访。在谈到此次出国考察任务时,沈昌最关注的是:1.铁路中央集中管理问题;2.新建铁路材料之赊借及旧债整理办法;3.材料之购置及管理问题;4.会计之独立及审计制度;5.人事之任用管理及政党与路政之关系。

记者问他华北经济问题,沈昌以自己只专于路务,对经济没有研究,愧难答复来推托。只说:"欧洲风云日急,势必影响于亚洲,华北首当其冲,此诚所谓危急存亡之时也。"诚然沈昌已感觉到,此时此刻的华北,已到了最危险的时刻。

第五章　筚路蓝缕

奔赴西南

不出沈昌所料，表象上看所谓冀察问题已解决，可日本却正加紧策动华北计划，以武装侵略，启动经济行动。日外务省、日关东军都在为进一步入侵中国草拟方案，研究对策，并成立"东亚课"开始调查中国全国产业，以资开发。还设想成立华北产业开发公司，统制开发华北重要产业。这一切说明，任何的妥协都没有出路，日本帝国主义反而加强了对中国的侵略。

在民族危机空前严重的关头，蒋介石仍旧坚持"攘外必先安内"政策，张学良将军被迫"剿共"，因在陕北战场上屡遭失败，受到蒋介石的责难，于是急于寻求出路。1936年12月初，蒋介石亲临西安，下榻于临潼华清池，张学良多次对蒋"苦谏"，均痛遭拒绝。蒋介石限他三天内答复是否继续执行"剿共"的命令，否则将他和杨虎城的东、西北军调离陕西。张、杨被迫于1936年12月12日对蒋实行了"兵谏"，这便是震惊中外的"西安事变"。

沈昌赴国外考察，说是为期一年，但实则不到两个月就回来了。在1935年12月29日的《西京日报》的"时人行踪"有一则:"(天津28日电)平汉路局长陈延炯、铁道部顾问沈昌、会计长张兢立,于今晚十二时半专车来津。据张语记者称,余等在津稍耽延,拟视察路政情形。"实际上,这次沈昌是以铁道部顾问的身份,陪同新任铁道部长张家璈视察平绥路政。也有可能是铁道部让沈昌回来,与新任平绥局长张维藩有个交接。不料,张家璈上车时,因接到蒋介石电话传召,临时下车中止,先令沈昌他们到津等候。29日晨,沈昌、张兢立、陈延炯皆赴英租界马厂道360号访秦德纯、萧振瀛、陈觉生,代铁部传达意旨,嗣由秦、萧伴至英租界17号,访宋哲元商谈。晚上七时,沈昌应邀参加了宋哲元在北宁路局举行的宴会,参加者有:潘复、劳之常、靳云鹏、王揖唐、钮传善、曹汝霖、潘毓桂、秦德纯、萧振瀛、林叔言、刘玉书等。这次,沈昌他们一直等到1936年1月5日,铁长张家璈才到张家口视察平绥路。

陪同张家璈视察平绥路后,沈昌继续赴欧洲考察。1936年10月,沈昌在德国考察期间,还患肋膜炎,当时体温烧至四十多度,病情颇危。病愈回国后,仍然在铁道部工作,担任顾问。

1937年初,铁道部筹资一千万元,设立全国铁路总机厂管理处,全国各路的机厂均改为分厂。全国各路局的修理、制造铁路机车、车辆、桥梁、钢料及其他各项材料机件,包括生产枕木,统归总机厂管理处主持负责。总机厂设立董事会,理事长由铁道部长兼任,董事会之下设管理处,是执行总机厂事务的总机关。管理处设总经理一人,总持总机厂一切事务。沈昌被委派兼任总机厂总经理,时任铁道部长已是张家璈,可见铁道部仍对沈昌十分器重。

1937年3月30日《京报》

沈昌担任总机厂管理处总经理后,全国设五个分厂,分别是:浦镇机厂、戚堰机厂、吴淞机厂、株州机厂、中央机器厂。以常州戚墅堰为基地,以浦镇机厂作为全国的样板进行整顿创新,委任贺鄘为津浦路浦镇机厂厂长。从沈昌登载在1937年6月1日《道路月刊》上《浦镇机厂最近三个月来工作概况》一文中,我们能看出他踏实的工作作风和现场管理中的细致。

浦镇机厂位于江浦县属之浦镇,距浦口三、六公里。创始时期,为民国纪元前三年,厂址占面积1630941平方尺。当设立之初,仅建筑第一至第六号厂屋,动力及翻沙场,库房之一部分。迨后工作增繁,复于民国十年(1921)添建第七号至十三号、第十四号至二十号厂屋。内部机器设备及应用工具,经历年来之陆续购置,渐臻完善,为我国比较完备机厂之一。

该厂过去与济南、天津二厂，同隶津浦路局。本年二月，铁道部为改进修理工作，增加生产效能，特组设总机厂管理处主持其事，同时即将该厂划归本处直辖。以冀锐意整顿与刷新，使成为更完美之模范机厂。计自本处接收以来，于今三月，在此极短促之时间，一切设施，自无显著成绩可言。惟三月来工作方面之推动，不无进步。海洋之深，聚于勺水；嵩山之巍，累于块石，吾人固不难以此尺寸之进步，用觇将来之发展。兹谨将该厂三月来措施情况，择其荦荦大者，分述于后。

一、业务部分

（一）工作命令之清理。当本处接管该厂时，所有积压数年之旧命令单，未能完成工作者，共计二百四十三份，二、三两月间经该厂督饬各工场加紧工作，改用方法，限期完成，现计已告清理者共一百九十二份；其未完工者仅五十一份，亦经饬令于最短时间内，迅予完成，以资结束。至二月份以后，该厂新出之各项工作命令单，共三百七十八份，每份均经限期完成，不令积压。

（二）机客货车修理数量之增加。该厂以前大修机车，每月平均仅一辆有奇，大修客车仅四辆有奇，大修货车仅十六辆有奇。自本处接办以来，对于修车工作，经分别计划，督饬赶修，充分利用机力与人力，以增加生产数量。三月份内共计大修机车三辆，大修客车六辆，大修货车三十四辆，修成数量，约较前增加一倍，此外复利用废料，重造土车五十辆，各类钢车四十六辆，售于京赣铁路，现计已送该路应用者各十辆，装置完成待交者各十辆，不久即可全数竣工。至修制其他各项物品之完成，亦较以前激增数倍。

（三）试车日数之缩短。每一机车修理完竣，例须作一度之试驶，盖以觇视有无破绽，藉策安全；惟过去试车期间，自出厂日起至交段之日止，平均约需二十日强，最多达三十五天，不特时间损失，抑且影响路用。关于此点，业经特别注意，尽量缩短。现在试车时日，已减至九天之平均数。至试车工人，亦经考虑事实之需要，由六人减至四人，以期节省人力。

（四）拆车日数之减缩。机车进厂修理，拆卸工作，颇费时日，以前每辆机车拆卸，约需七天余，现已缩短至三天余。其拆卸工数，亦由一百三十七平均数，降至八十四平均数。

（五）铜铁锻铸数量之增加。锻铸工场对于铸铁，铸铜等工作，经整顿后，亦较前进步。现计铸铁数量较前增加10516.5KG；铸铜数量增加1411.5KG；锻冶铁料数量增加10412.0KG。

（六）锅炉检查工作之改善。锅炉为机车之命脉，检查手续至关重要，稍一不慎，修理工作，即易疏忽，而锅炉使用寿命，因此缩短，危险坐是酿成。故锅炉工作对此部分工作，极为注意，现经规定待修检查，施工检查，竣工检查三项手续，不厌其详，以期妥慎。

二、材料部分

（一）采购手续之减少。该厂昔隶路局管理时，对于购料一事，因逐级审核，手续繁复，致有若干材料之请购，往返转折，需时甚久，影响工作至巨。迨本处接管后，所有应需材料，一经决定，即予核购，同时为使材料于应用起见，并与路方合作，规订借调办法，购料手续经此改良，较前迅速敏捷，便利殊多。

（二）国货材料之采用。我国过去因工业幼稚，供不应求，致机厂需用之材料，多半仰给舶来品，年来沪地钢铁工厂，渐次发展，所出机器配件及工具等品，颇能适用，该厂为提倡国货起见，凡属国货中所具备之材料，无不尽先向沪上华商采购，以杜漏卮。将来南京如有较大钢铁厂设立，则就近添购，常更便利。

（三）废料之利用。省工节料，为修理工程唯一要着，浦厂以历史悠长，积存各项废料颇夥，刻正多方设法，尽量利用。如从前大修锅炉装用烟管日积月累，数以千计，任其锈蚀，殊不经济，现该厂已将库房中积存之旧烟管，择其可用者，陆续加以修理应用。至其他废料，亦均酌量利用，务使竹头木屑，皆有所需，全厂无一废弃之物而后已。

三、账务部分

（一）底牌房之整顿。凡工厂工役每日上下班时，必须在牌底房摘挂工牌，以便照牌底记录登记工资。该厂亦有此项牌底房之设置，惟日久玩生，托故免挂工牌者，竟达百余人之多，以至计算工资时，对于此项工人，究竟是否逐日到厂工作，无从考核，现经整顿之结果，已一律不准免挂，此后不惟登账可资查核，而一部分取巧工人，无所施其技，工资亦不致虚耗矣。

（二）发薪办法之改良。该厂每月薪工，在昔系由路局开支票至厂发放，需时约一整日，此日全厂工作，无形停顿，损失至钜。(该厂现有工人千名,每人平均以工资一元计算,发薪一次,即蒙一千元之损失。)兹经该厂缜密研究,已将全部薪工委托江苏银行浦镇办事处代为发放,并以极敏捷之方法,于工作时间以外发给,以避免前述之无形损失。

(三)工人按月计薪之变更。凡工厂工人,均应按日计薪,该厂过去,约有三十余人,均系月薪,向不挂牌,每月工资六百余元,全数作为间接费用,实有不合;今已一律改为日薪,按其工作性质,分别列入各项工作之直接工资,以减少间接之负担,即减少一部分总务费用。

四、人事部分

(一)技术人才之延揽。工欲善其事,必先利其器,固然!然有利器而无技术优良之专才以济之,仍未能收事半工倍之效。该厂最近为求革新业务,增加生产,对各工场主要人员,均系聘请学识新颖,经验宏富之专才,俾各项修理工程,能与时俱进,不致故步自封。

(二)事务工作之改善。该厂事务方面,近亦积极整顿,各部分员司,俱系在厂服务有年,对于一切工作,自较熟悉,惟过去工作分配,或有未尽妥善之处,现在均已按照各人能力,妥为分配,俾能胜任愉快,不致用违其长。至于各场股之日常事务,俱以简单明了切合实际需要为原则,力求书面工作之减少。

(三)工场分组之调整。该厂各工场,原系分组支配工作,现更研究其性质与某场关系较多,重新加以调整。例如电气匠原属机车工场,现改隶车辆工场,白铁匠由机器工场改属车辆工场,红铜匠由机器工场改隶锻铸工场等,均需因地制宜,求其便利。盖职务之连锁既臻密,工作之指挥与管理,亦能运用自如也。

(四)工人请假之锐减。该厂工人,每月请事、病各假,以前最高记录,达两千五百余工,以全部平均工价计算,月耗费两千七百余元,现经该厂加以注意,请假工数,平均月只一千一百余工,较之以往,已锐减半数以上,无形中每月可节工资千余元。

(五)工役进退之办理。该厂现有工人中,年迈力衰,已合退休年龄且无工作能力者,经调查后,约计四十余人,业已劝令照章退休,并各按其服务年数,分别给予养老金或一次酬劳金,以示体恤。惟该厂现值工作紧张之际,原有工人,仅八百余名,兹更退休数十人,事实殊感不敷,爰特雇用优秀之临时工人若干名,配备务场工作。此项临时工人,概须经过考验,始行雇用,一方面表示大公,一方面以免滥竽充数。

以上各点,为浦镇机厂最近三个月之措施概况。此外尚有可述者,即各工场布置及设备,俱人相当改进;余如各工场之清洁卫生,库房材料之安放整齐,上工下工遵守时刻,亦均随时督饬注意,渐入规范。

就全部情形观察,该厂在三个月中,无论积极的生产方面,消极的销耗方面,尚能切合实际,循序进行,如铜铁锻铸以及各项车辆修理数量之增加等,可证明生产之递进。(前列比较数字,尚系根据三个月份工作报告,四月份则更进一步。)如废料之利用,工人之节省,请假之减少,可证明消耗之锐减。

惟此黍粒之进步，正如行远方始就道，登高方始拾级，距离到达之途程尚远，吾人绝不敢沾沾自喜，仍当随时秉承部旨，遵照预定计划，努力策进，深盼部路同仁，充分协助，使此国内有数之机厂，得在最短期间，跻于尽善尽美之域，以发挥其宏伟之机能，完成其应负之使命。

占用这么大的篇幅，原文直录沈昌这份工作概况，着实是因这份类似经验交流的文章中，最能让我们看到当时沈昌是怎样的一个人，能体会到沈昌对工作的细致。人、财、物各环节考虑得如此周到，一定是深入调研、现场管理的结果，在今天看来还有参考价值。

7月7日，卢沟桥事变爆发，抗日战争进入全国性抗战的新时期，全体中华儿女冒着敌人的炮火共赴国难。1937年8月5日，"国家总动员设计委员会"成立。这个国家战时高级别的委员会，主任委员是何应钦；副主任委员为俞飞鹏、曹浩森，另有军委会办公厅副主任刘光等十六位当然委员。下设秘书组、粮食组、资源组、交通组、民众指导组、卫生组、财政金融组。沈昌担任交通组委员副主任，当时职务为：铁道部顾问兼总机厂总经理。

自进入全国性抗战后，中国军火、物资进口成为重中之重，特别是重武器完全依赖于进口。而"八一三"沪战后，我国沿海口岸被日军封锁，只有西南通道还算通畅。后日本又迫使法国屈服，禁止军火假道越南运入中国，于是外来物资改从香港入境。为保证香港走粤汉铁路的国际运输线运转，沈昌奉命奔赴广州，筹备军事委员会西南进出口物资运输总经理处（简称西南运输处）。

第五章　筚路蓝缕

经过几个月的筹备，成立西南运输处各项条件基本成熟。本来何应钦已签署委任沈昌为处长，但蒋介石以方便两广运输协调为由，于9月14日给俞飞鹏去电，指谕委任时任广东省政府委员兼财政厅厅长、广州市市长、黄埔商埠督办、广梅铁路筹备处处长的曾养甫兼任处长，沈昌改为副处长。西南运输处于10月1日在广州举行成立大会，办公地点临时借用广州大戏院。内设运输、航运、工程、总务四组及秘书室。而沈昌没有出席成立大会，此时他正在昆明，主持通过越南及缅甸的运输工作。

10月21日，日军攻陷广州，幸亏沈昌已提前将西南运输处转移至昆明。10月30日，曾养甫紧急派沈昌去法国交涉欧洲运输，给蒋介石去电请示。

南京委员长蒋钧鉴：

　　密极私越南运输军械事，法国防会议否决，阁议亦无结果，虽有暗中通融之说，前途殊为可虑。此间总督虽迭次表示极愿协助，但中下僚属尚多窒碍，随时可生变化，点察形势必须与法政府有切实谅解，互示保障两国东亚权益，并许以展筑入桂铁路等实际利益，而以助我军火及运输军械经越为秘密条件。并拟请沈昌任专使，往法国会同使交涉欧洲运输并可主持。越南近日受日谍威胁，我国如能庄诚交涉，似不难交为善国。敬恳钧座当机立断，密饬进行是否当？乞钧裁职。

曾养甫、王艽生叩

1938年初，宋子良担任西南运输处主任，而沈昌又被交通部长张公权调回，前往兰州等地考察西北公路运输工程的改进。为此，宋子良还专门向蒋介石请示，要求准饬沈昌回任西南运输总处。

尽管张公权仍然没有放沈昌回任西南运输处，但沈昌为筹备该处付出了大量心血，及后来他在西南，昆明行营设立运输统筹委员会，沈昌还是常委，为保障西南运输处交通作出了重大贡献。西南运输处逐渐成为当时全国最大的国际运输公司，担负从香港、越南、缅甸运入兵工器材和其他军用物资，以及钨沙、大锡、猪鬃、桐油等出口物资的运输。拥有汽车三千余辆，直接雇用职工先后有两万余人。其中包括由爱国侨领陈嘉庚等人号召组成"南洋华侨机工团"归国参加抗战的爱国华侨，包括司机、修理技工等，有三千一百九十二人之多，撑起了中国抗战的生命线。

筹建叙昆

1938年，东北失守、华北沦陷，日军在我国领土上愈发猖獗。我国港口因无海军保障，或被敌寇封锁，或被敌寇占领。于是，国内物资的输出，与国外军需品及建设器材的输入，只有西北公路以通苏联，桂省公路与滇越铁路以通越南的海防，滇缅公路以通缅甸。然而，这些通道都因路远，不仅运输能力薄弱，运输效率低微，运输成本高昂，而且常受敌机威胁。

自欧战发生后，敌寇海军在东京湾虎视眈眈，南宁失守，桂南公路又被截断，西南的对外运输更加不便，特别是国外采购的军火，根本不能应济抗战的需要。加之国民政府机关转移至重庆，打通西南交通，兴筑叙昆、滇缅铁路，直接与海防、西贡、仰光相连，是打破日寇封锁的唯一上策。国民政府决定在西南同时筹筑滇缅、叙昆铁路，两路以昆明为中心，滇缅路向西到缅甸，叙昆路向东北到叙府（宜宾）。为此，沈昌又被交通部紧急召回，负责两路的筹备工作。

随后，在1938年8月和9月，相继成立叙昆铁路工程局和滇缅铁路工程局。兴筑两路，沈昌自知责任重大，很想请表兄沈怡来助一臂之力。所以，在两路局成立之前，沈昌向交通部长张家璈推荐，让沈怡来担任叙昆铁路工程局局长。于是，张家璈专门向沈怡发出了邀请，并承诺：只要沈怡能辞去上海工务局的职位，到交通部任何一条铁路做局长都可以。但当时沈怡因突发疾病，没有来就任，最后还是沈昌自己兼任了叙昆路局局长，吴益铭、吴祥镇为副局长。还设有主任秘书、秘书各一人。此外设总务，工务，会计，运输及材料课，课下分设股及诊疗室材料厂、库、机厂、修理所及电信等队。在测量时期设测量队若干，测量竣就改设工务总段。计全线共分为十五个总段，每总段分设四个分段，共设六十个分段。

沈昌兼任局长后，还一直希望沈怡病愈后就任，沈怡为了表示感谢沈昌的诚意，便介绍了两位朋友去帮助沈昌，一为叶鼎（刚久），一为郭则溉（铁梅），这二位都是铁路界人，后来都与沈昌相交莫逆。

10月，国民政府特许成立川滇铁路股份有限公司，叙昆铁路工程局隶属川滇铁路股份有限公司。公司股本总额为国币两千万元，分二十万股，每股一百元，由铁道部认十万股，云南四川两省政府各认五万股。公司理事会理事长由交通部长张家璈兼任，理事有交通部的徐济、萨福均、曾养甫，财政部的徐堪，昆明富滇银行的缪嘉铭，云南省政府的龚自知，四川省政府的何北衡。云南省政府陆崇仁、四川省政府甘绩镛是常务理事。沈昌是总经理处总经理，成为当然理事。总经理处协理沈铭盘，是江苏吴江同里人，清朝军机大臣沈桂芬的后裔，早年留学于法国。按照《特许川滇铁路股份有限公司条例》，川滇铁路股份有限公司有先行建筑经营自昆明至叙府之铁路干线，以及展长线暨其他应需之支线；还可以经营经铁道部核准建筑其他铁路线。

1939年6月，国民政府决定改组川滇、滇缅两路。前广州市市长曾养甫任滇缅督办，滇缅工程局局长改派杜震远充任。川滇方面，用公司制，仍以沈昌为总经理，并调现任滇缅铁路局长萨福均为叙昆工程局局长。

叙昆线地处川南滇北，崇山峻岭，深壑激涧，荒陬野角，先期的勘测定线就十分困难。早在清光绪年间，曾请英国人台维斯、美国人道莱前来踏勘过。这次，测量队队长林则彬，想在台维斯、道莱勘定的两条线之外，另找路线。经过多次研究之后决定采用下列一线：自内江经宜宾、大湾子，沿洛泽河至威宁，向西南经宣威、曲靖，以达昆明。之所以采用这一线，一是可以避免昭通附近的难工，二是经过宣威、威宁间的良好煤区。尤其是由威宁接通贵阳最便捷，贯通滇川黔三省交通，形成我国西南铁路运输网。

尽管基本定线走向确定，但叙昆线实在复杂，线路一直在小调整之中。测量工作从民国二十七年（1938）9月间组建七个测量队，担任初测工作，定测工作由工务总段办理。自宣威至威宁间，因为穿过扬子江与珠江之重要分水岭，地形复杂，选线比较困难。后经过一年时间的屡次派队踏勘施测，找着了两条可以通行的线。一是山脊线，长约一百八十公里；二是山谷线，长约一百四十公里。由第三测量队于民国二十七年10月间复勘山谷线，11月初完成测量。同时为明了对山谷线与山脊线的选择，又组织宣威考察团，比较这两条线的建筑费用、施工期和经济的价值来决定路线。该团于12月初由宣威沿山脊线至威宁，又由威宁沿山谷线至宣威。但是山谷线与山脊线各有优劣，而山谷线的工程又如此浩大，又进行山脊线的详细测量。最重要的目的就是要设法避开七十余公里的红土与松石，而结果是办到了。全线经过的地名总括起来如下：昆明、杨林、小新街、普家屯、三岔、曲靖、霑益、松林、炎方、宣威、小竹箐、铜厂沟、色居乐、黑石头、威宁、三家寨、辅处、毛坪、彝良、天星场、大湾子、豆沙关、盐津、普洱渡、新滩场、周坝、叙府。

截至1938年12月，滇缅、叙昆两路大部分线路走向已确定，于12月25日下午三时在昆明县的王家营，也就是滇缅、叙昆两路车站所在地，联合举行开工典礼。工人们用柏树枝搭起了拱门，上书"行远自迩"。云南省主席龙云主持了开工典礼，当时各机关官员、两路职员、地方绅士及中外来宾参加了隆重的开工仪式。在开工典礼上，沈昌代表路局报告了两路定线、工程、资金等情况。这天叙昆线有六个总段同时开工。

BREAKING GROUND CEREMONY FOR TWO NEW RAILWAYS

In order to facilitate communication in the south-western provinces and to establish a new route to the outside world, the Central Government decided to construct two new railways: i.e., Yunnan-Burma Line and Süchow-Kunming Line. The breaking ground ceremony for these two new railways was held on Dec. 25, 1938. This is certainly a severe blow to the Japanese attempt of isolating China.

滇緬敍昆兩路聯合開工典禮

(上)觀禮之各鄉鎮代表、亦往參加。
(above) Representatives of towns and villages along these two railways attending the ceremony.

(上)聯合開工典禮會場全景。(詹今譯攝)
(above) A general view of the ceremony. (By Mr. C. W. Jan)

(上)敍昆路局長沈氏報告籌備經過情形。
(above) Mr. Shen Chang, Managing Director of Süchow-Kunming Railway, giving a report about preparatory works of these two new railways.

(上)雲南省主席龍雲氏(前排第一人)行破土典禮。
(above) General Lung Yun, Chairman of the Yunnan Provincial Commission, (at the front) performing the breaking ground ceremony.

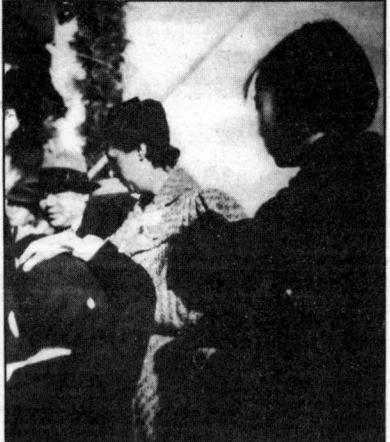

(上)開會時參加典禮中的中外來賓。
(above) Guests, Chinese as well as foreigners, attending the ceremony.

滇缅叙昆两路联合开工典礼

两路陆续开工之后，由于沿线人烟稀疏，尤其所经各地，大都为荒陬未开辟之地，往往是数十百里不见人烟，难以招雇筑路工人是最大问题。前期土石方工程采用招商包工办法，但因物价猛涨，各包工段进度缓慢，工程几经停顿。不得已动用政治手段，全民动员，采用征工修筑路基。民国二十八年（1939）2月，川滇公司理事会拟订了《征用民工的办法》，送请云南省政府征用民工，而云南省政府规定了各县雇工协作，效果并不好。一直到了同年5月间，征工一事，才取得云南省府的同意，规定办法十一条，由云南省主席龙云电令昆明、嵩明、寻甸、马龙、陆良、宜良、平彝等七县遵办。但各县实际出工日期及人数均未能达到规定。不久，滇省米价不断上涨，各县请求加价，又经商请云南省府重新厘定五条优待办法，自9月1日起实行，但实际招收工人仍然困难。9月以后云南省米价又增涨不止，加以征工机关不严密，督促上又很不力。又与云南省府商定新办法，于11月间施行，并经云南省政府指派省公路总局为督促机关。同时规定了具体的征工事务费、奖励金、生活补助费及医药抚恤等。派工任务从前述七县之外，又加入了曲靖、霑益、宣威三个县。

当时，昆明至宣威间有六万筑路工人，后陆续在滇北征用五万人，贵州征工五万。民工中有五十多岁的老人，也有八九岁的小孩，这些孩子多半由父母带来，帮做捡石子的工作。筑路民工中除了男工，还有不少女工。大多数是从滇川各县农村来的，还有一部分是从外地来。他们风餐露宿在沿路，在赭色的土路边，搭满了一间间矮小的草棚，生活用的炉锅碗筷和破烂的衣被堆放在一起，睡觉的地方没有床板，用点杂草当作垫褥。每天早晨天际线鱼肚白的时候，起床号便响了，他们急忙起床做饭，吃的是糙米饭和咸菜。就是这批民工，无论落雨降雹，还是酷暑严寒，他们一锄一锄地挖通了遂道，一块块地筑起了向前延伸的路基。

身兼叙昆铁路工程总工程司、川滇铁路股份有限公司总经理之职的沈昌，在工程设计、筹措资金、采购材料、技术人员引进、征用筑路工人等事务忙得不可开交。抗战时期资金问题实在紧张，预算中虽有中央的建设专款，还有股款，但总不能按时到位。国民政府曾设想向英法借款，用于叙昆、滇缅铁路的建设。1938年11月，蒋介石在长沙会见英大使时，英方曾经要求参与川滇缅路建设，并借机想索取川滇二省矿权，受到龙云、翁文灏等人反对后无果。同时，法国也有借款及在川滇开矿的意向。1939年12月4日下午，行政院审查叙昆铁路借款合同，法国银行供给材料值四亿八千万法郎，建设银行公司出三千万元，限十五年还清。6日，行政院审查了《叙昆铁路合同及矿业合作合同》。11日，在范庄，翁文灏会同孔祥熙、张公权与阿尔费雷德·弗郎索瓦（AlfredFrancois）、刘竹君，正式签订《叙昆铁路地带矿业合作合同》，合同内容电告云南省主席龙云，随后纸质合同由沈昌带给龙云。21日，国防最高第二十二次会议上，再次提交讨论《叙昆铁路矿业合作合同》，议决保留。在时任国民政府秘书长、经济部部长翁文灏的日记中，我们仍然可看到，沈昌为了叙昆铁路事，从1938年11月至1939年12月中，至少有八次去找过翁文灏商讨叙昆路事，由此看得出筑路资金的紧张，或是沈昌成路的决心。

在材料供应问题上，当时叙昆路修筑材料来源大致有四个途径：一是部拨材料。抗战以来，所有国内铁路的材料大都抢运到适当安全的地点，再经过交通部分别运发给各条新建铁路工地。主要是钢轨及机器，因沈昌兼任铁道部材料司司长，所以从国外购买的钢轨及机器还是要沈昌亲自采购；二是英庚款材料。就是经交通部核准，移用英庚款在英国订购的材料；三是美金借款材料。当时交通部由美国借款内支拨美金十六万元，为叙昆路订购开山机二十架，价值美金十四万两千元；四是自购材料。是工程开工时需要的各项工具和零星急用材料，都是由本路自行向外埠择要订购，约可分为测绘器具用品、土石方工具、桥工器材、钉道工具、电讯器材、汽车配件、汽车修理工具及材料和油类。以上各项材料，大都是急用物品。此外还有普通商家不容易买到的各项材料，曾经先向各专售厂商订立合约定期交货的各项，如洋灰、钢筋、炸药、机车车辆和运料卡车等。另外，枕木是采用滇省的土产木材。但所有材料因唯一的滇越铁路运输能力有限，又不能专供铁路建设运输，白天还有日军飞机的轰炸，所以要改走夜车，却有出轨的危险。再说内地交通，虽有公路，但以汽车及油料缘故，亦难充分利用。离开公路稍远的地方，连牛车也不能通过，只有用人力背运。每每遇到无路可通的地段，必须先开辟人行道，其困难可想而知。

筑路所需各类人才，因内地交通的不便，由他省过来，往往要费时一月以上。到了昆明以后，再辗转宣威以北至叙府，并无公路可通，所有交通工具，不过是花杆、背夫。至于叙府盐津北段一带，更非绕道贵阳重庆。所以专就行路来讲，已经不知枉费了多少时间。据钱令希回忆，他当时从法国马赛港回国，要去刚成立的叙昆铁路工程局，因港口都被日军所破，钱令希所乘的轮船差一点返回欧洲。后经船长多方周旋，才取道越南海防登陆。他经滇越路到达昆明，找到叙昆铁路工程局。虽然钱令希当时有严济慈为他写给沈昌的介绍信，但他没有出示，沈昌就为他安排了工作。当时，在沈昌手下有不少像钱令希一样的爱国青年，他们不畏艰险，自觉奔赴西南边陲，参加铁路建设。

当时日本飞机经常侵扰昆明城，为了躲避敌机的轰炸，沈昌租赁了远离城区的小石坝凤仪庵，作为叙昆铁路工程局的办公地。小石坝在昆汉矿道里程零公里起，向东十一公里，在矿道右边的宝象河畔有个石坝村（现在昆明铁道职业技术学院一带），村民有三五十家，大都是彝族，分大石坝和小石坝，大石坝在南，小石坝在北。凤仪庵是座古庵，庵舍累积数代，建筑辉煌。庵内有四株古梅，树龄都在三百年以上，开的花各为一色，所以一到花季，红白紫绿，争相斗艳。庵的前后左右，也布置得相当精致，紫竹、茶花、罗汉松、金银花错落有致。加之宝象河周围树木茂密，参天蔽日，所以这里不仅可避战火，风景也不错。

自叙昆铁路工程局搬去之后，沈昌就开始在小石坝寻找空隙地，建造铁路员工宿舍。房屋式样分为军用、民用二种。为了节约成本，沈昌指导就地取材。所用材料，梁为木架，墙为土墙，顶用瓦或者草披。陆续建造了一百多间员工宿舍，还建起了食堂、学校、医院等设施，以及篮球场、网球场、乒乓球场等体育场所。还开辟了蔬菜地，为员工食堂提供四季果蔬，甚至种植水稻等粮食作物，以应对当时物价上涨、物资紧张的情况。

太平洋战争爆发后，附近的干海子又驻扎了远征军及美军。昆明城内日机轰炸更加频繁，连国民党党部也搬到这里办公。为了建造房屋，四面山上的乔木砍伐殆尽，只剩下铁路沿线的树木。一个蕞尔小山村，因抗战关系，成为西南铁路的重心之一，人越聚越多。抗战时期有多少达官贵人、耆宿名将、学者艺人、宗教领袖聚集在这里。七八年间，在这里出生的小孩子超过二百人。一时间，小石坝与香港九龙相提并论，又有"上海君"之称。之所以称为"上海君"，是因为这里居住的，大都是沈昌家乡一带的江浙人，上海话是当时小石坝的流行语言。整个小石坝，连生活习惯、社会风俗等都与沪上习俗相近，走在小石坝，如同走在大上海某个区。

沈昌在昆明小石坝（沈蓓提供）

沈昌一家自员工宿舍建好后，就一直居住在小石坝新区里，房子编号是九十六号。据沈昌女儿沈蓓回忆，小石坝的房子虽然是草披黄泥房，但里边结构却很现代，且冬暖夏凉，非常舒适，大家称其为"飞机房"。由于员工宿舍外貌相同，所以走错家门的事常有发生，沈昌也曾走错到隔壁萨福均的宿舍，"宛方！宛方！"大喊夫人的名字，成为家中的笑谈。

沈昌在昆明小石坝铭园。左一汪德凯，左二沈登斯，左三吴鹏，中立穿西服者为沈昌（翁大昭赠）。

在这期间，沈昌带领全线技术人员及民工，逢山开路，遇水架桥，人人都是开路先锋。前期筑路较为顺利，1939年就有部分土石方工程完成，开始陆续铺轨。

沈昌还组织在铁路沿线植树造林，在他看来，铁路沿线植树造林不但可以发展后方生产，增进抗战力量。对于铁路本身而言，还可以供给枕木，点缀风景，保护路基，防止崩塌，避免突袭目标，掩护军事运输等。他特派康瀚、顾作君、张恕负责筹办林业试验场，并暂拨五旗营附近基地百余亩为场圃，从事培育，提供各种观赏及行道树用的苗木，在叙昆沿线及各站附近栽植。特别选择了生长迅速、富有经济价值的安树类树木的培植，以期铁路沿线能在短期内蔚然成林。

其实，对于在条件极其艰苦的抗战中，西南铁路如何建设，沈昌有自己的见解。他在1940年1月1日《抗战与交通》第33期新年特大号上有《抗战期中西南铁路建设问题》一文，阐述了自己的观点：

一、根据之最高原则

西南各线路之中，滇缅沟通英缅海口，所负国际间直接交通之任务较重；叙昆及滇贵各线，联络川、滇、黔各省，所负边区与内地交通之任务较繁。两者定计兴筑于抗战期中，衡以"军事第一"之旨，将来应负之军运任务；前者似以军品（包括军火、军用器材及军需品等）运输较属主要，而部队运输似属次要；后者则于军品之外，同时须兼备部队运输之充分能力。此其一。维持军事上伟大与持久之力量，厥为资源供应。例如西南与内地各省建设轻重工业所需之机器及原料，发展各种交通所需之车辆油料与建筑材料，其存赖于西南铁路运输上之重要性，或不亚于军运。此其二。抗战建国，西南为重要根据地，将来军事结束，百废待兴，建万年之伟业，西南铁路所应担负一切物资运输及沟通与启发边区内地文化与事业之责任,将与日俱增。此其三。适合此三项需要,为建设西南铁路之最高原则。

二、克服之环境限制

铁路建设,动辄需数十万吨之材料,十数万名之劳工。故凡新路施工,须先将材料供应之能力与途径,工人招集之方式与数量,予以解决,然后有开工建筑的把握。西南铁路所需外洋材料,几全恃滇越铁路转运,即论滇缅叙昆两路所需钢轨一项,已超过十万吨的运量;滇越铁路日仅数百吨之运输能力,除供应军商公运外其可供运材料之力又仅几何?

大型钢梁,则绝非滇越路所能载运,材料运来,又只能到达昆明,铁路沿线除偶有平行之公路外,既无通航之河流,又无充分之兽力伕力堪作接运材料之川,此西南铁路建设与国内其他一切铁路情形迥然不同之处,故施工程序迫令以昆明一地为起点;但就能力之所及,土石工程仍以全线各段同时并举为原则。此其一。施工方式,如需特别通融,例如节省材料转运之数量,凡需水泥之工程,尽量以木石及红土石灰取代;赶筑桥工,先搭木质便桥;钢桥之桁梁钣梁,在运输上有过重过大之虞,则先运入钢板,就地裁制;至于其他工程实施上所感材料供应之困难,亦为尽量预筹避免之方法,以克服赶工之障碍。此其二。大凡边陲荒瘠之地,文化较迟,人民不习于作工、技工及普通工人,咸感缺乏,其工作效率亦特低;重以后方建设机关,互相争取大量之劳工,驯至工价极度抬高,犹苦于无人应募,西南铁道建设,自不能免于例外。且在一百公里以内,而有数百万公方之凿石工程,是其需要劳工人数之比例,诚为中外所罕见。则凡沦陷区内之技工,必须排除艰难,尽量招致,以免资敌,而为我后方铁路建设之用;普通工人,则在相当区域以内,与地方各级政府协力策动,随地供应,征募兼施,以济其穷。此其三。此三者预计不谬,准备妥实,庶施工之器粗备,亦即环境之困难克服,工事计划,方可实施。

三、贡献之运输阶段

铁路建设事业,复杂庞大,即使经费材料,两无匮乏,工程进行或尚不能如所预期;或已开始运输,犹未即能收获最高效率,均属恒有。若局外期望过殷,施工于今日,责成于来年,甚或苛求其万不可能之运输之能力,则每易自蹈无谓之失望。盖在长期性之军事时代,论交通建设上之整个计划,对于某条干线认为有运输上之迫切需要者,往往先筑公路,或先铺轻便铁路,或先办驮运,同时建筑铁路,期于数年之后,获得比较运量大而运费廉之运输工具。建设之步骤不紊,方能本末兼顾,缓急俱济。但目前建设之西南铁路,犹未敢以大器晚成自居,仍须于铁路自身方面,力求其早期与多量之运输贡献,概分为下列三个阶段:工程达到一段铺轨之时,即开始运输,除该段所应担负之工务材料运输外,悉以供献于军公商运,使得早取大部分之公路驮运而代之。此其一。第二段工程积极进行之时,同时作第一段工程改良,由新工时代四对至六对之行车密度,增加至八对或十对;依次推进,则最先完成之各段路基,渐臻巩固;便桥更替钢桥;其他号志及机务等设备,亦逐步改进,使用加立脱或戈而斯密斯等式机车,以增加列车载重,预计可由每列车一百二十吨之拖载净重递增至四五百吨。此其二。全线完成,一律装设电气化号志,行车密度,维持每日十六对之最低限度,务使全线运输能力,不逊于国有标准轨距各线。此其三。到第三个阶段,而西南铁路建设之规模粗备。同时致力于管理制度之合理;营业政策之确立,新路自给能力之充实,其他一切必要敷设之绸缪,此皆西南铁路建设完成时不可少之阶段。

四、有待研讨之问题

滇黔川藏之交,山岭丛杳,溪谷交错,农林矿产,蕴藏甚富。将来干线完成,为启发资源计,自宣斟酌将来需要,敷设支线,如由威宁接线至贵筑,以通黔贵,宜宾接线至隆昌,以通成渝等等,为不可少之联贯,现已分别设计测勘。铁路事业,与地方繁荣,相为表衷,交通可启发西南之蕴藏,农矿足辅养交通之进展,一面固应筹设支线,一面尤应扶植沿线之农林工矿等一切建设,或兼致力于富业。以最大之努力,最经济之时间,个别进展。俾边区与内地之交通得以联系,地方一切实业建设得以繁兴;而抗战资源亦得以源源供应;如是,庶足以完成西南铁路建设之重要使命。惟建设西南铁路各项问题之检讨,依次归纳,应会缄对抗战期中之何种需要?如何适合西南环境?将造成理想中何种形式之铁路?其施工之原则如何?建设之收获与贡献又如何?除工程之标准,及实施各主管工程局长另有专文外,已于前列数节陈其梗概,但于各项问题之认识与理解,窃尝惴惴焉,惟恐以毫厘之差,贻异日千里之失,而有负于抗建之使命,与国人之期望!

沈昌还应云南广播电台之邀,在广播中向广大听众谈《云南之交通》,让每个百姓都知道交通对于抗战、交通对于地方经济建设、交通对于人民生活极其重要。

在全公司员工的奋战下,在沿线百姓的支持下,1940年11月9日,叙昆铁路昆明至杨林段首先通车。沿线百姓欢呼雀跃,奔赴相告。

通车现场彩旗招展,悬挂着贺联:

"千里若门庭,长房何须缩地;重岗开道路,愚公竟能移山。"

"缩地胜长房,厚利民生,叙昆欢呼夹道;扶轮推大雅,永昌国运,川滇庆建宏图。"

在通车仪式上,嵩明县长胡湘致的颂词,一定程度上代表着当地百姓的心声:

西南半壁,滇尤要冲。滇缅滇越,蜿蜒境中。抗战建国,首要交通。叙昆铁路,力谋扩充。第一总段,适经吾嵩。自小哨起,达古城东。有湾七里,有水数重。凿山开道,涉江架虹。伟哉人力,可夺天工。路局总段,同寅协恭。擘划精密,指导从容。吾嵩民众,沐雨节风。有力出力,贯始彻终。地缩长房,山移愚公。朞月而已,克竟全功。开车伊始,典礼降崇。冠裳济济,万轨来同。观成之会,今幸躬逢。一劳永逸,福利无穷。

1941年4月,又利用滇越线河口至芷村拆下的旧钢轨,铺到曲靖,后又展铺至霑益,由川滇铁路公司总经理处接管,立即投入运行。尽管昆明至曲靖的铁路只有162.5公里,但这段铁路通车后,两地运输得到极大改善。昆明油料等战略物资得以很快转移,免遭日机的轰炸,同时还缓解了昆明城内用粮、用煤问题。太平洋战争爆发后,特别是霑益机场建成,霑益机场成为盟军开辟驼峰航线的转运机场,美军空军及地面空勤人员数千人驻防曲靖、霑益。霑益成为了战时航空线、铁路线、公路线交汇之地,也是盟国援华物资、武器装备在云南境内最重要的集散地、转运地之一,市场繁荣,商业盛极一时。叙昆线上这段铁路运输任务极为繁重,为抗战胜利作出了很大贡献。

为了方便管理,叙昆铁路工程局也迁至贵州威宁办公。当时霑益至宣威间的93公里,路基及涵洞都已完成,就等铺轨;宣威至威宁间也已动工,部分土石方和三座涵洞也已完成,全线管理人员、技术人员和筑路民工

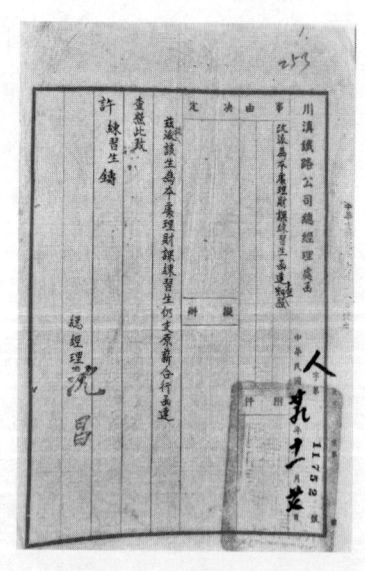

由沈昌签署的川滇铁路公司总经理处函(宋辞以提供)

都满腔热情投入在抗战生命线上。然而，在 11 月间，敌机的轰炸更加疯狂，滇越铁路中断，滇缅线也因缅甸失守，滇西多事，滇缅公路中断。向德国借的钢轨等建筑材料全部滞留在海防，完全运不过来。加之国民政府国库支绌，路款无着，导致正在进行的叙昆线各项工程被迫停工。

沈昌却又奉命组成抢修队，冒着日机的轰炸，奔波在滇越铁路、滇缅公路等抗战运输线上。

接管滇越

滇越铁路是我国西南连结越南的交通大动脉，也是我国较早的铁路之一。从清光绪二十四年（1898），法国攫取了滇越铁路（中国昆明至越南海防）的修筑权开始，经过五年的勘测定线和七年的兴建，于 1910 年 4 月 1 日竣工，中国境内从河口至昆明 465.4 公里，轨距一米。抗战期间，云南作为大后方，滇越铁路不仅是我国获取国际援助运输量最大的一条通道，还是运送转移内地人员物资的生命线。

日军为了封锁西南运输线，从 1938 年 9 月起不断派飞机轰炸滇越铁路，并于 1940 年 9 月在海防登陆，侵占越南，切断滇越铁路运输。与此同时，中国政府和军队则努力想保住这条运输线，但路权在外，难于管控，接管滇越铁路随即也提上了议事日程。

1938 年 9 月 28 日，日机从海南岛起飞，首次对滇越铁路昆明站进行轰炸。中国空军从巫家坝机场起飞迎战，击落日机一架，坠毁于滇越铁路宜良狗街车站附近，俘获日机驾驶员池岛，为了彻底炸毁这条支撑中国抗战的铁路，日军在1939年进行了试探性的三次轰炸，摸清中国军队的布防及防空能力。1940年，日军的轰炸越发疯狂野蛮，一年中，日机一共出击五十二批次、六百六十九架次轰炸滇越铁路桥梁、车站及机关。

民国二十九年（1940）2月1日14时50分，三十余架日机低空投弹，轰炸白寨大桥，部分炸弹落在正行驶在白寨大桥即将进入遂道内的旅客列车车顶上，致在遂道内发生爆炸，炸死旅客九十二人，炸伤八十二人。2月3日，二十七架日机分批袭击小龙潭大桥，投弹六十余枚，导致钢梁炸毁坠入河中，行车中断……从当时重庆蒋介石侍从秘书处呈核档案中，可以了解当时滇越铁路遭受敌机轰炸的惨烈程度。仅民国二十九年2月6日一天，时任蒋介石侍从室第一处主任的张治中，就接连收到黄镇球从贵阳，龙云、宋子良从昆明发来滇越铁路遭到日机轰炸的电报。

时任全国航空委员会防空厅长黄镇球，贵阳歌电：

滇越铁路及滇缅公路之防空，正在调派部队配置中。现炮四十一团第十五连及第九连并军士队（新领高射机枪）独立营第二连等，已先后到滇，分任各该路空防。配置详情，容再呈报外，谨先电呈。鉴察。

云南省主席龙云，昆明微电：

东日(1日)滇越铁路北上客车在白寨附近被炸，现已查明，伤亡共二百余人，内有法人五名，均系该铁路公司职员眷属，其余籍贯姓名在调查中。

西南运输处主任宋子良，昆明微电：

（一）敌机东日（1日）再炸滇越路白寨桥，幸微损，惟死伤中外旅客百余。该桥北隧道有机车车辆堵塞，其中清理，须五天方通车。同日湾塘附近山崖被炸，毁轨五十余公尺，清除土石，须七天方能盘驳。

（二）冬日（2日）又炸小龙潭桥，桥及物资无损。本处运夫七名受伤。滇越铁路工务处长以敌机昨炸八十三公里桥及山洞，请中国方面速派工助修。并恳赐饬川滇铁路经理沈昌亲率员工赶往协修由。顷据滇越铁路工务处长称，敌机昨炸八十三公里桥及山洞，正在修理。该桥东南工人伤十余人。此后续派前往赶修，恐不无困难。希望中国方面选派能谙法语之监工数名，率领修桥工人百名以上帮助，以期及早修复通车等语。查汽油待运甚急。职焦急万分，张部长在昆已指定川滇铁路公司总经理沈昌负协助抢修滇越铁路之责。兹以张部长在越桂途中，恳赐饬沈昌亲率员工赶赴工地协同路方昼夜赶修，俾早恢复运输为祷。

从宋子良的电报中可以看出，当时掌管滇越铁路的法国人已无能力修复连遭敌机轰炸的铁路线，只能向中国求助支援。接到协助抢修任务后，沈昌立即选调二十名谙通法语的技术人员、三百余名技工，放弃在除夕与家人的团聚，前往滇越铁路

被炸路段抢修。2月8日，也就是兔年新年初一的晚上，在机枪连的防守下，被炸山洞终于挖开，土石清除完毕，重新铺上被炸的钢轨。同时抢修队又赶往八十三公里处桥梁及九十五公里路基被炸部分进行抢修，至11日晚夜修复通车。14日，情人节这天晚上，又赶往二百三十五公里处的被炸桥梁抢修。这个春节及后的三个月中，沈昌与抢修队一起，一直守护在滇越铁路上，冒着敌机的轰炸，随时抢修被炸的铁路，修筑临时便道、便桥，维持滇越线的运输通畅。

1940年6月，法国巴黎被德军攻陷，贝当政府投降德国，命令驻越南殖民政府禁运中国过境物资，中断了滇越铁路的对华运输。此时滇越铁路的经营权和管理权还在法国政府手里，法方趁机将滇越线中国境内的机车运往越南境内。6月20日，龙云向沈昌发去密令。告知安南情况严重，为阻止滇越铁路机车出境，要求沈昌立即派出川滇公司抢修队，趁21日雨夜，将老范寨铁路桥（在滇境内距河口四十五公里处）暗中拆卸，保住滇段机车、货车，留在中国境内。

为了探明法方的真实态度，龙云还派沈昌赴越南面谒越南总督。于是，沈昌在21日紧急飞往越南，与中国驻河内总领事许念曾一起探访了越南总督德古。与德古面谈之后，沈昌立即将了解的情况，分别向龙云和蒋介石进行了汇报。汇报内容大致相同，今录沈昌向蒋介石汇报内容如下：

委员长钧鉴：

昆明行营龙主席以安南形势紧张，状况不明，特派昌于昨日飞来河内，面谒越南总督，面询详情。昌遵即来越，于昨日下午六时偕同许总领事往见总督，下午七时访晤滇越铁路总经理，谨将所得情报列后：

一、安南军队已出防海防、桃山各海口及谅山、蒙自各隘口，对于敌人确准备抵抗，并无退却现象。

二、西贡军队正陆续北调，现有三分之二集中北部，所传往南撤退之说不确。

三、昨晚安南已接受日本停运之条件，其条款如左：

（甲）出口货全通并不停止。

（乙）进口货全停，将来或可恢复一部分，但准运之清单尚在东京未寄到，总督云："米运或可恢复。"但昌之观察，米运决不能恢复。

（丙）日本派文官两员，一驻海防，一驻老街，稽查货物出入。

四、因法方已接受停运条款，故防务形势已松。因此，除第一期军队已于二十日出防完竣外，其第二、三两期已停止开拔。

五、总督向昌口头声明九点：

（甲）决不准日本假道攻华，如日兵入越南境决抵抗。

（乙）海防不易登陆，谅山须顾虑后方我大军。故最危险为广东、广西、安南交界处之蒙街。

（丙）现在蒙街附近敌人水陆两军在十万人以上，加之海南岛驻军约共十五万人。

（丁）如敌全力来攻，因越南无空军（仅飞机十余架），经血战后,越南东京省想便沦陷,届时望中国军队出而协助,比肩作战。如越南有飞机三百架,敌人即不易攻入。

（戊）停运之命令仅执行于越南境内,中国境内之滇越路仍可照常运输。

（己）如日越发生战事,中国人认为必要时可破坏滇越铁路。

（庚）停止中国政府之运输乃缓兵之计,务请中国原谅。

（辛）现在唯一办法请美国出场干涉,乃美国迄无表示。

（壬）日人如真正攻越,必设法将越南中部截断,届时北越之军民物资便退入云南。

以上各节理合报请鉴核。

又昌向滇越铁路总经理申明,不得减少现在中国境内之机车货车,如减少一辆我方即采取必要行动。昌于今晨飞回昆明,谨闻肃此。敬请

钧安。

川滇铁路公司总经理沈昌肃上
民国二十九年（1940）6月22日于河内

进口被全面禁止,出口尚能通车。而此时,正是抗战最困难阶段,中国滞留在越南海防的军火、油料,叙昆铁路等着用的钢轨及铁路设备,还有一百八十吨的国币也存放在海防。龙云电请蒋介石和孔祥熙,派沈昌协助昆明中央银行经理孔祥勉,先行暗中将一百八十吨的国币抢运至麻栗坡,再护送到昆明。

6月22日,沈昌会同龙云与滇越铁路总经理波丹（Bodin）

第五章 筚路蓝缕

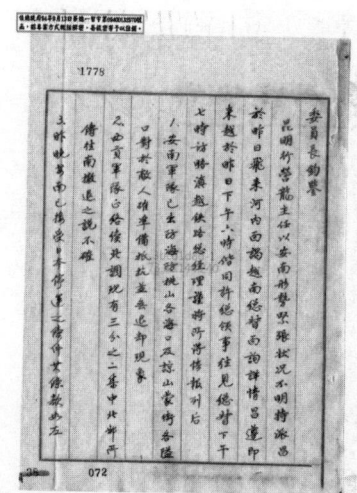

沈昌向蒋介石汇报赴越情况

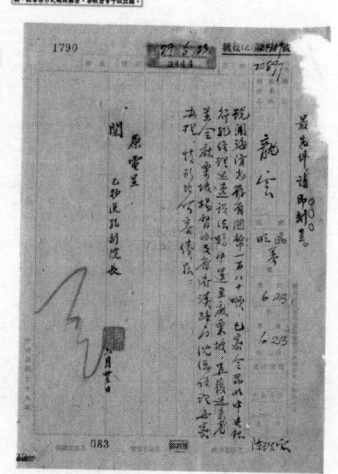

1940年6月23日龙云密令办理海防银行所存180吨国币电文

紧急约定通车办法。共有四项：（一）滇境客货车照常通行；（二）滇越间客车照常通行，但机车出境只能以雇买为止，并须于次晨开回滇境；（三）十吨货车出境一百辆，拖带之机车照第二条办理；（四）其他机车车辆不得出境，破坏桥梁二十三日赶速修复。

为了做好滇越铁路滇段接管准备。6月27日，军事委员会委员长昆明行营，发出5763号训令，委派沈昌为滇越铁路总视察。负责处理所有与滇越铁路公司的事件商洽及机车、兜车放行等事宜，至于如何分段驻派视察均由总视察沈昌决定。当时中方为了保持铁路通行，扣留了滇境内机车五十八辆，货车九百五十个单位（九千五百吨），客车六十五辆，以防不测。交通部则密饬沈昌准备一切接管办法，随时准备接管滇越铁路滇段的运行。

随后，沈昌一面与法方滇越铁路总经理协调保持沟通，维

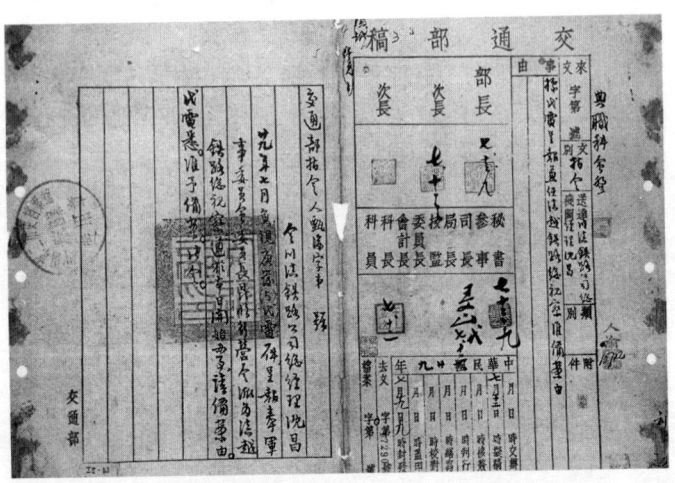

1940年7月交通部指令：沈昌兼任滇越铁路总视察

持通车，继续抢运滞留物资，一面组织抢修队随时抢架桥梁、抢筑路基、抢铺铁轨，护卫着铁路的畅通。

在法越当局实行滇越铁路禁运后，日本得寸进尺，进一步要求在越南驻军，并使用越南的军事设施。7月，日本御前会议通过了《中国事变处理纲领》，在继续进攻中国的同时，与法国维希政府交涉。日本松冈外相与法国维希政府任命的法国驻日大使安利交涉，希望在越南北部允许日军假道通过、驻屯及提供其他便利。8月6日，越南总督与日军代表西原少将签订《日军假道实施限制条件》，允许日军在海防登陆。消息传来，形势越发紧张。虽然法国驻越南总督、法国驻滇总领事都声称："外传法国允日假道绝对不确，希望中国政府勿轻信谣言。"而此时，国民政府也试图通过外交手段阻止法国对日妥协。8月8日，外交部又发表声明，强调日本若入侵越南，将威胁中国领土安全，国民政府"当立即同样派遣武装队伍进入越南俾得采取自卫措置"。但事实上已有部分日军进入北越,并开始使用北越的富寿、老街、嘉林三个飞机场,严重威胁中国军事安全,滇越铁路也到了最危急时刻。

铁道司令

鉴于法国已对日妥协,国民政府不得不采取军事紧急处置措施,以维护中国军事安全。1940年9月,国民政府外交部根据1903年10月28日签订的《中法合订滇越铁路章程》第二十四条:"万一中国与他国失和,遇有战事,该铁路不守局外之例,悉听中国调度。"照会法国外交部,中国全面军事接管滇越铁路滇段,以战时军事管制的

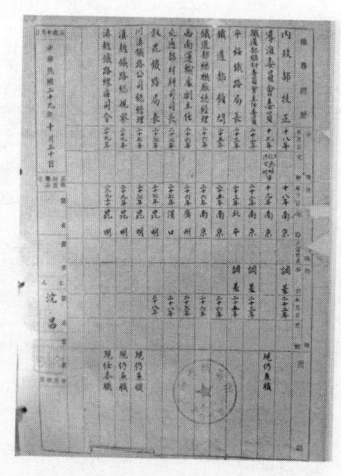

1940年10月30日沈昌简历

名义宣布直接指挥滇越铁路军事运输和铁路抢修工作。国民政府军事委员会委员长下令,设置滇越铁路线区司令部。

9月10日,沈昌被任命为滇越铁路线区司令部司令,领少将军衔。川滇铁路公司、叙昆铁路局的管理人员,甚至工程师都授予军衔,司令部设在昆明环城东路326号。国民政府军事委员会授命线区司令部直接指挥滇越铁路公司,并管制该铁路昆明至河口间之行车、通信、材料、工程及军用车辆之支配、运行秩序的维持以及各项安全处置,控制滇越铁路滇段调度权。

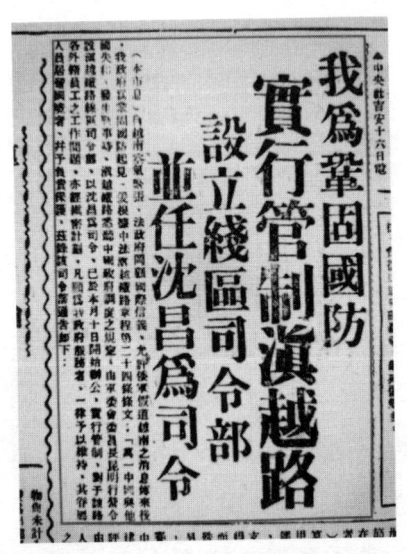

1940年9月17日《中央日报》(其一)

滇越铁路线区司令部成立后,对滇段铁路开始实行军事管理,以应对战争需要。沈昌随即通知法方滇越铁路公司滇段经理巴杜,要求法越籍职员服从线区司令部的管理,凡有关军事物资运输、铁路抢修工作,均应服从司令部安排,否则以违反抗战治罪。

9月16日,沈昌代表滇越铁路线区司令部发布通告:

中国政府为国防必要,特命本司令组织滇越铁路线区司令部。根据中法条约,实行指挥铁路一切事宜。所有本路法越籍员工在华多年,必能为中国政府服务,本司令自当与中国铁路员工视同一律,尽力保障。惟时局风云,变化莫测,万一军事上之必要,须撤某一段钢轨或封闭某数处车站时,势必有数员工受上项办法影响,失去原来职务。本司令早经

第五章 筚路蓝缕

计及,业已预行通知滇境管理局局长巴杜妥为安插,照常发薪,如果铁路公司云南有不允办到者,仍当由本司令负责维持,另行设法,不使一人遭受失业之痛苦与物质上丝毫之损失。至各外籍员工眷属愿出境者,一律放行;愿居留者,一律保护。更勿须锱铢疑虑,各员工务须仰体斯旨,安心服务,与中国员工在本司令领导下,努力工作,各其勉之,有厚望焉。如有自相惊扰,造谣生事及怠忽职务贻误军机者,定当军法严加惩处不贷。本司令言出法随,勿谓言之不预,务仰凛遵勿违!

特令

司令沈昌

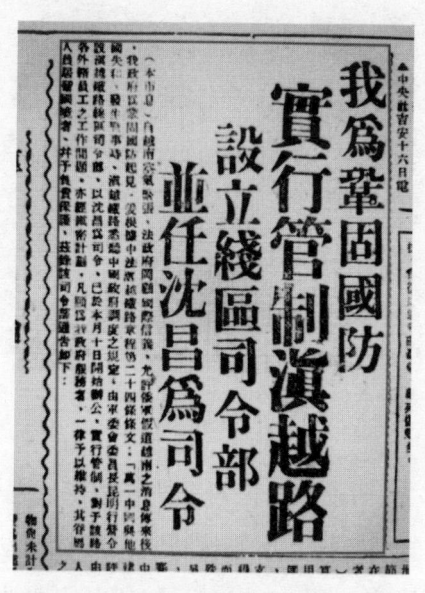

1940年9月17日《中央日报》(其二)

通告一发出，震动整条滇越铁路，沿线中国同胞个个扬眉吐气，奔走相告。据时任滇越铁路线区司令部上校、工程师翁筱舫的儿子翁大昭回忆，当时他在昆明学习，看到布告时觉得太了不起！连声说："好啊！太好了！"惊起过路人驻足围观。一些看的人还不知道他为啥叫好，他对围观人群说："从前都是我们中国人要听洋人的指挥，这次我们中国人给洋人下命令了。"大家即刻醒悟，"哦！对呀！这个年轻人说得对啊！"当然，布告同时保障法越籍职员的正当利益，就职员的管理问题做出解释和说明。

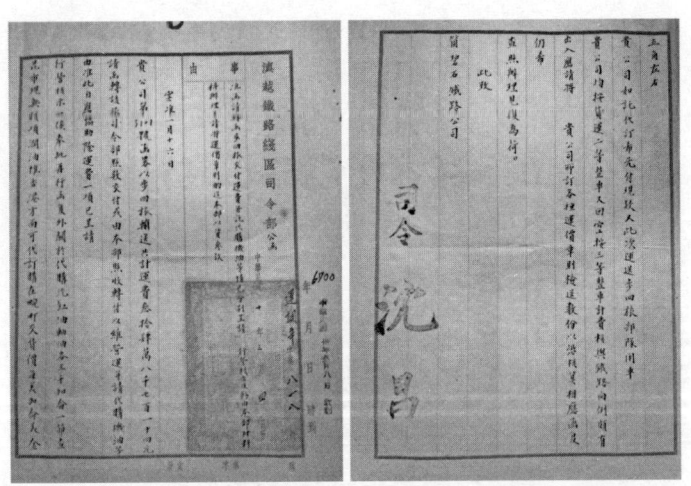

由沈昌签署的滇越铁路线区司令部公函（宋辞以提供）

尽管法国对我国委派线区司令接管指挥滇越铁路表示不满，向中国外交部提出抗议，反复就铁路调度权问题提议与中方换文，以图束缚中国，防止中国日后接管甚至没收铁路。此时的中国外交部坚定立场，认为中国在战时控制铁路调度权完全符合滇越铁路章程，"无庸法方谅解"，收回滇越线于法有据，不但战时受我调度，还要实行接管。指示："如法方再谈此事，希即驳覆。"沈昌则一面调度人员、火车燃料等，保证滇越路能正常通车；一面加紧编拟预算，编制接管人员、燃料、机件等接手办法，随时准备全面接管滇越铁路。

9月26日，日机轰炸海防，紧接着日军在海防登陆，攻占河内，向中越边境进军。企图进入云南，进攻昆明，兵临重庆。中国政府为防止日寇沿滇越铁路侵入云南，除调集卢汉的第一集团军布防于蒙自、河口、屏边、金平一带边境线，关麟征的第九集团军布防于文山、马关、麻栗坡、西畴、富宁一带边境线。切断所有中越交通要道，在险要的地方构筑防御工事，时刻准备痛击进犯日寇。

为了避开日机的轰炸，沈昌向龙云申请，将昆明北郊龙头村山顶弥陀殿、观音殿租用为司令部郊外办公处。龙头村在昆明市东北八公里处的龙泉镇，这里风景优美，民居林立，雕梁画栋，古色古香，而且没有军事目标。在当时抗战的短短几年时间里，闻一多、朱自清、浦江清、梁思成、林徽因、傅斯年、李济、梁思永、李方桂、董作宾、吴定良、丁声树等三十多位文化科技界精英在这小小的龙头村先后生活、居住过。

与此同时，滇越铁路线区司令部奉命紧急拆除河口至碧色寨间铁轨，以阻止日军沿滇越铁路进入我国云南。沈昌命令工务科长翁筱舫任拆轨队长，萧芳为副队长，负责滇越路拆轨任务。翁筱舫紧急组织由原叙昆铁路技术人员、技术工人、行车人员及医务人员参加的拆轨队。

这次拆轨从河口隧道昆明端外开始,此时河口大桥、河口隧道和白寨大桥已被铁道兵团炸毁。拆轨队的工程车、宿营车和运输列车,停靠在蚂蝗堡站。拆轨条件十分恶劣,不仅地处瘴气弥漫的荒山区,还有日军飞机的轰炸,并且要求用最快时间拆除,同时还要将拆除的铁轨、桥梁、通讯设备、行车设备,甚至车站的房屋门窗都要运至叙昆

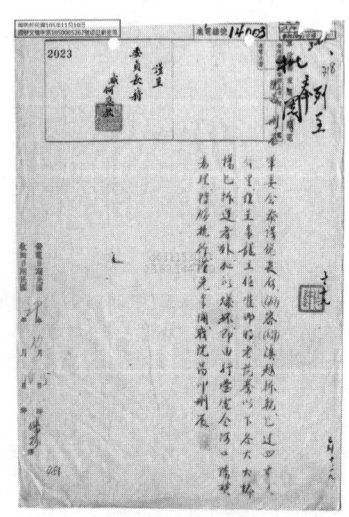

1940年10月15日沈昌向军事委员会呈报滇越铁路拆轨电文

线。特别是在拆除架在山谷间的钢梁桥时,最为危险。桥梁架在高二十至四十米的峡谷上,拆卸时空间狭窄,而且是临空操作,脚下却是山谷深渊,遇上山谷大风,更是艰险困难。为了不遗留一根拆下的钢轨,工人们用抬、扛、撬、拖等各种办法,将拆下的材料悉数运至叙昆铁路工地,这批身挂军衔的铁道兵,此时宛若英勇无比的战士。

当翁筱舫他们拆到"人字桥"时,这些往日筑路架桥的专家犹豫了,因为他们清楚地知道建此桥时有多么难。桥上铁轨、钢构件等材料都是由劳役肩扛、马帮分段背驮到工地,桥身上的每个构件,都是靠技术工人冒着生死凌空组拼、铆合的。该桥在光绪三十三年(1907)三月十日开工,法国监工让一百余名路工,用绳子系腰悬于半空中凿岩放炮。四月间的一天,风

雨交加，电闪雷鸣，法国监工只顾自己逃避躲雨，十六名路工中有三名因绳断跌落入百米山谷丧身，十三名路工被大风吹得如秋千一样，连续撞击在岩石上，血肉模糊，惨不忍睹。光绪三十四年（1908）发生过一次暴雨，滴水岩的隧道洞顶崩塌，正在施工的三百余名路工被埋，有的被泥石流冲入峡谷，无一生还。据记载，1907年3月至1908年12月在人字桥建设过程中，死去的中国路工有八百余名，被称为"滇越铁路人字桥八百壮士"。

这座桁肋式铰拱钢梁铁路桥，位于屏边县波渡箐和倮姑站之间，也有人称马鞍桥，横跨在四岔河谷。桥梁距洞底有一百余米，两岸绝壁对峙，相隔有七十米。由法国工程师保罗·波登（PaulBodin）设计，设计者根据悬崖峭壁的险峻地形，创新地设计为人形钢梁桥，桥两端均与隧道相连，桥身为双重式结构，上承多腹钢梁，下部为三铰人字拱，人字拱由两个等腰三角形桁架拱臂组成，拱臂底部支撑于山腰间两个球形铸钢铰支座上，顶部支撑是一个圆形轴，合拢后连接于钢枢上。为了便于从法国到中国云南路段的运输和施工，要求制造桥梁的构件最大不超过一百四十千克，所以该桥共用两万余根金属部件铆合为一，总重一百八十吨。如此新颖独特的人字造型，当时就被称为世界杰出的铁路桥之一。

队长翁筱舫认为，人字桥拆毁容易，但以后想修复难。其次，人字桥距河百余公里铁路及桥梁已拆，日军已不可能在短时间内修复所有的铁路与桥梁进犯，即使日军进入至波渡箐（人字桥南端站），再炸毁也来得及。翁筱舫把保留人字桥的想法，急电请示线区司令沈昌，得到了沈昌同意保留的指示。

滇越铁路人字桥（录自《滇越路影像志》）

百年过去了，这座鬼斧神工般钢梁桥，仍然横跨在四岔河谷上，已被列为全国重点文物保护单位，也必将成为人类文化遗产。为了满足叙昆铁路铺轨至曲靖的需要，沈昌还同意了拆轨队将拆轨终点由芷村延至碧色寨的建议。这样既能保持昆明至碧色寨间二百八十七公里的铁路维持通车，还可与个碧石铁路联轨，同时也可让滇越线与叙昆线（昆明至曲靖段）相连，这在当时条件下，已是最大利用铁路运输的举措了。

接手滇越铁路指挥之后，他要安抚法籍和越藉的铁路员工，又要尽快选拨人员顶上。好在巴杜总经理还算配合，在军事运输上也蛮出力，所以接手还算平稳，直至巴杜离境，还有好多外藉员工仍在滇越铁路岗位上工作。

沈昌在管好铁路的同时，还关心昆明百姓的生活和抗战物资的生产。特别让他担心的是铁路用煤,以及因缺煤影响电厂发电、进而影响沿线的工业生产的问题。当时,昆明附近铁路用煤月需四千吨,各工厂用煤至少需一千五百吨,还有昆湖、耀龙电厂需要大量用煤。而此时明良煤矿减产,致使铁路用煤受到严重影响,电厂不发电,导致好多生产抗战物资的工厂停工。沈昌只得向时任经济部长的翁文灏寻求帮助,希望资源委员会投资,收购可保村有大煤矿,扩大生产,以保障铁路用煤。尽管在这抗战艰难时期,沈昌也不忘做公益,他出资一万元,捐给云南大学,用节约建国储蓄方法,存放银行,以后每年经利息所得,作为理科学生奖学金,这是他对云南人民的爱。

1941年4月,叙昆铁路昆明至曲靖段通车后,滇越铁路线区司令部改为滇越、川滇铁路线区司令部。

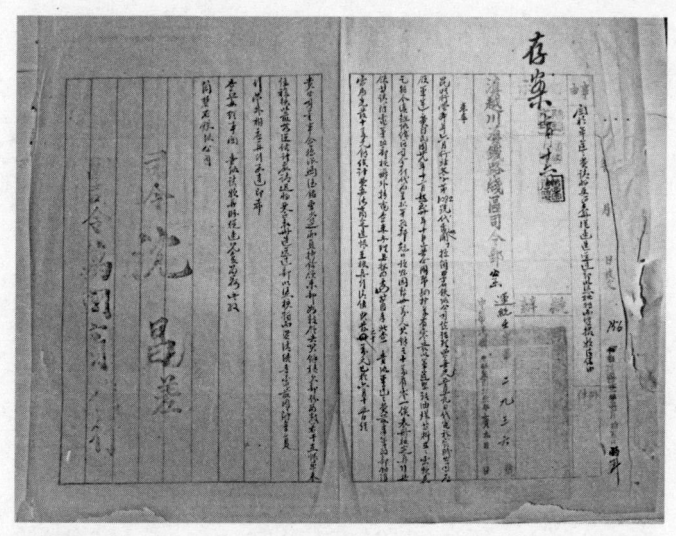

由沈昌签署的滇越川滇铁路线区司令部公函(宋辞以提供)

沈昌作为两线区司令，从抢修铁路，又奉命抢运物资，继而拆路，协调铁路与军事运输、军队人员运输……一桩桩急难险重的事儿摆在他面前。

远征将军

1941年春，鉴于日军已侵占越南，进而要入侵缅甸。此时英军在缅甸驻军较少，英国希望凭借中国的力量，支援其在远东殖民地的军事力量，以挽救在缅甸、印度、马来西亚等地的危机。在中国方面，为了在抗战的关键时刻，保住滇缅路这条最后的国际通道，同时也为了阻止日军通过缅甸进入云南境内，中英双方开始酝酿军事联盟。英方首先开放了滇缅路，还邀请中国军事考察团，赴缅甸、印度、马来西亚、新加坡进行考察。当时，重庆国民政府军事委员会在军令部、军政部、军训部中抽调了一批军事专家，组成了一个参谋团，作为军委会的派出机构，参谋团最初叫"驻滇参谋团"，后来远征军入缅后，改称"驻缅参谋团"。参谋团团长是时任军令部第一次长的林蔚，副团长是军训部第一次长阮肇昌。

1941年12月7日，日本偷袭珍珠港，太平洋战争爆发。12月10日，英国武官邓尼思向蒋介石提出请求，派中国军队入缅布防，美国派驻重庆的史迪威将军也建议组建中国远征军，进入缅甸。蒋介石采纳了建议，于11日向第五、第六两军发布入缅动员令，随即命令杜聿明的第五军迅速向保山集中，甘丽初的第六军结集做好入缅准备，又将张轸任处长的补充训练总处改编为第六十六军,准备入缅。远征军由第五军、第六军、第六十六军组成,共约十一万人,全称中国远征军第一路。主力部队于1942年1月开始,先后进入缅甸。此时中国远征军还归军事委员会驻滇参谋团林蔚统率指挥,沈昌以远征军随军铁道特派员的身份,带领铁道兵团,为远征大军作运输保障。林蔚到达腊戍后,在英国招待所设立办事处,改称"驻缅参谋团"。

3月8日,日军侵占仰光,中国远征军先头部队第五军的第二〇〇师和军部摩托化骑兵团到达同古至普尤一线接防,英缅第一师各部看到中国军队来接防,竟不向中国军队介绍敌情、地形、阵地位置、作战计划、道路机场状况等,卷起铺盖,拨腿就跑。

3月11日,蒋介石派史迪威以中国战区参谋长名义,入缅指挥中国军队。史迪威一到腊戍,就立即在梅苗设立指挥所,中国驻缅甸军事代表团团长侯腾派机要秘书王楚英,带宪兵一班、电台一部赴梅苗史迪威指挥所报到,担任联络参谋。

史迪威为了解中英军队情况,召集参谋团举行中英联席会议,会议由史迪威亲自主持,胡敦中将代表亚历山大出席。英方出席的有少将伊斯梅尔、少将马丁、上校莫尔斯、英军缅甸空军司令罗奥准将;中方出席的有中将林蔚、后勤部驻缅代表林湘中将、驻印缅军事代表侯腾少将、参谋团副处长冯衍少将、参谋团后勤科长杨铎少将等,沈昌以预定担任即将设立的缅甸铁道军管副司令的名义参加了这次会议。

就是在这次会议上,大家达成一致,决定设立缅甸铁道军管司令部,由伊斯梅尔少将担任司令,沈昌少将担任副司令。英军派第五守备队,中方派铁道兵团执行军管任务。派人四处宣传联络，寻找铁路员工归队，发放拖欠的工资。所需资金由英军总部垫付，扣除应付给缅铁公司的运费。并立即调集火车将驻腊戍的中国军队向前线运送，使中国军队迅速占领曼德勒前方的同古、棠吉一线，构筑防御工事，阻止日军北进，并计划收复仰光。

到了3月12日，重庆国民政府军事委员会才明令确定中国远征军第一路司令长官部番号，任命卫立煌为司令长官，杜聿明为副司令长官，因卫立煌没有到任，由杜聿明代理司令长官，参谋长为罗又伦，中国远征军司令长官部设在曼德勒前方数十公里的平满纳。

在同古，戴安澜的第二〇〇师、遭遇日军第十八师团和第五十五师团的强攻。在这危急关头，沈昌带领铁道兵团，正想方设法组织铁路员工，将第五军的新编第二十二师、第九十六师的部队运送到前线，支援第二〇〇师。由于缅甸的铁道人员逃避一空，军列上驾驶火车的只剩沈昌带去的铁道兵，铁路还经常遭到缅奸"德钦党"的破坏，致使火车运输延误，支援部队未能按计划集结。戴安澜的第二〇〇师全师官兵只能孤军奋战，激战半个月，双方伤亡巨大。这时参谋团建议蒋介石缩短战线，部队撤回腊戍，防守云南边境。蒋介石则认为撤回部队，有损中国军队国际声誉，亲自给戴安澜发电，要他死守阵地，为国争光。

不多日，戴安澜的指挥所遭到日军飞机、大炮的密集轰炸，师指挥所被迫转移至锡唐河桥东，戴安澜师长亲自率领一部固守大桥及东岸要地。他向全体官兵庄严宣告：誓与阵地共存亡，预立遗书，指定了自己阵亡后的代理人。部下官兵也纷纷立下遗书，部队士气激昂。第二〇〇师沉着应敌，孤军苦战，多次用百米决斗，刺刀手榴弹与敌肉搏，击退了敌人多次猛攻。同古之战，第二〇〇师孤军抗击敌军十二天，击毙敌第五十五师团一四三联队队长横田大佐以下五千余人，重创敌第五十五师团。

为了将援军早日送抵前线，沈昌除了将第一次带来之司机、司炉全部用上，还从第五军选派人员协助开车。3月26日，终于将新编二十二师运抵平满纳，继续向叶达西进军，28日与敌接触。鉴于第二〇〇师伤亡太重，新编二十二师已到达前线，杜聿明不顾史迪威要第二〇〇师仍然坚守同古的命令，于3月29日晚下令第二〇〇师由同古向东突围，沿锡唐河东岸撤到彬文那集结整顿。命令新编第二十二师接防同古，新编第二十二师师长廖耀湘带领部队，从叶达西沿公路向同古攻击前进，攻占南阳车站及四周建筑物；黄翔率领游击队在同古南，曾有一连进入永克机场，扰乱敌人的后方，掩护第二〇〇师撤出同古。由于在第二〇〇师撤离同古问题上，杜聿明没有听从史迪威的指挥，双方发生争执，致使产生了矛盾。

4月2日，蒋介石派罗卓英为中国远征军司令长官，并拟在平满纳组织会战，调第六十六军的新编第二十八、三十八两个师参战。而此时，英军无斗志，一经与敌接触就溃退，驻守的阵地节节放弃。连日军都讥笑："英军人高马大，就是跑得快，追都追不上。"这时，英缅军队纷纷要求中国军队接防，掩护英军撤退。铁路上的英国员工同样如此，他们随军队逃避，丢下车站要中国接管。沈昌和他的铁道兵，既要组织抢修被敌军所炸铁路，保持军队运输畅通，还要从国内云南、贵州紧急调派路员入缅。4月

17日，沈昌分别向罗卓英和张嘉傲报告：他已派上了第五军工厂管理处丘科长为瓢背车站司令，负责管理瓢背至平满纳的行车。麦当娜至瓢背的铁路，要求英方能维持至4月底，等待中国员工赶到接管。就在这样的困难条件下，沈昌的铁道兵还是坚守在缅甸的铁道线上，运送远征军部队。正由于缅甸铁路的畅通，才使我第六十六军新编三十八师主力于4月18日到达仁安羌，解救了英缅军第一师和装甲第七旅七千余人，马千余匹，各种车辆三百多辆，并救出了被日军俘去的英军、美国教士、新闻记者五百余人。仁安羌大捷，轰动英伦三岛，让中国军队赢得了荣誉。

但是脱险的英军，连招呼都不打，就丢下新三十八师独自向北撤退，脱离了战场。至此，保卫缅甸的重任全部落在了中国远征军肩上。而日军随即布置"瓦城会战"，攻战腊戍，切断中国远征军退回国内的通道。蒋介石通告史迪威、林蔚、罗卓英，指示："远征军以八莫、畹町为根据地，要确保印度——密支那——昆明的空中走廊和缅北国际交通线。"

5月1日，日军占领新维。杜聿明由四维堡乘火车出发，向孟拱北方挺进。火车出站二里许，发生碰车事件，铁道兵与第五军的官兵抢修了一整日，到次日中午12时才修复。火车回站加水后继续北行至吉鲁站，官兵下车抢修昨日被敌机炸毁之铁轨后续行。下午至坎伯鲁（KANBALU）站，英方段长要求我方铁道运输司令沈昌，即刻接收坎伯鲁以南之铁路管理及运输任务，沈昌带领部下接管。

罗卓英按照蒋介石"敌企图攻占畹町，再袭八莫，第五军应迅向密支那方面移动"的指令，要求沈昌亲自押车南下，趁

第五章　筚路蓝缕

夜色将部队送至印道，下车后经卡他进占八莫固守。沈昌立即率仅有的铁道兵四十余人、司机五班，接收南段车务。5月4日，沈昌由纳巴回印道，告诉罗卓英："印道密支那间车路拥塞，纳巴以北第二站昨日发生撞车，还没有修复，铁道陷入停止状态。此时，第五军主力尚在四维堡、坎伯鲁地区，以时间计算，我已不能先敌争取八莫密支那。"史迪威、罗卓英下令放弃瓦城，开始大撤退。沈昌所领的铁道兵也随史迪威、罗卓英利用火车由密曼铁路向八莫撤退。不料火车刚从斯威堡开出二里即遭碰车，沈昌组织路工当日修通，开至坎巴拉车站，又因机车出轨，只有下车徒步，西行十七英里到了班马克（BANMAUK）地方宿营。在班马克，史迪威与罗卓英分手先西行入印，罗卓英与沈昌等在班马克处理伤兵及调查路线。

5月16日，罗卓英给蒋介石发报请示：

职现在哈马林待命，随行者有林湘率后勤人员二百余名，沈昌率铁道兵团五十员名，宪兵二百人，伤病官兵百余人，无线电一班，合计六百余人。以目前情况判断返程、突围已为时间所不许，如沿泰德汶江上溯回滇，至少须时一个月。史蒂威尔昨已经此赴壁，若能假道印度，乘机飞滇转经前方指挥时间上较为节省有利。乞示以便决定！

蒋介石的回复是：

如追赶不及时可先到印度回国。但未入印以前，可先电知史蒂威参长，妥商入印道路与办法，并言明中已令兄入印回国之意，待专复到再行入印为妥。

得到蒋介石的回复后，罗卓英随即带领长官部及随员官兵沿英军入印路线赶赴英帕尔。一路上，沈昌与将士互相扶助，因医药缺乏，伤员仅能隔日换药，却毫无怨言。罗卓英还带领大家一路唱歌，在翻越缅甸与印度交界的2440高峰时，还兴致盎然地集阳明句告随军将士："穷途还赖此心存，飞鸟犹惊卷阵云。昏黑更须凌绝顶，雨声如泻长平军。"23日，沈昌随罗卓英抵达印东重镇燕飞尔，英军守将阿文前来迎接，孙立人的新编三十八师也陆续到达。

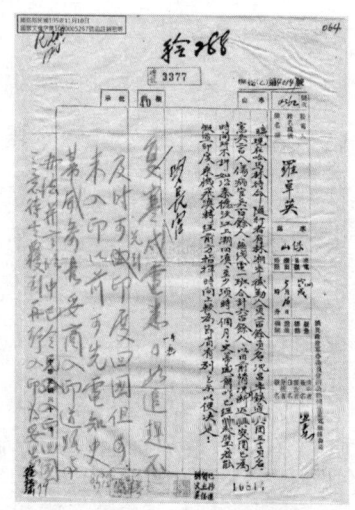

1942年5月16日罗卓英电文

这时，杜聿明则不接受史迪威要他率第五军赴印度的命令，认为我军战败入印，将为英人所不齿。拟仍向密支那转进，与由畹町犯密支那之敌决一死战，胜则保存缅北一隅，败则取道腾冲归国。当罗卓英得到"敌已占八莫，正向密支那前进，又细包（HSIPAW）之敌经毛高克（MOGOK）向伊洛瓦底江进犯"的情报后，决然电令杜聿明，迅由印道及温藻转进，俟机再作后图。然而蒋介石又电令杜聿明，要他向密支那、片马转进，勿再犹豫停顿。杜聿明召集各部队长及参谋长商讨后，决定按照蒋介石命令向国境撤退。部队分四路向孟拱北方挺进,沿线能行的路几乎都被日军封锁,部队被迫进入了崇山峻岭、茫茫林海的野人谷。部队路经之处,都是人烟稀少的原始森林,又遇雨季,洪水汹涌,蚂蝗、蚊蚋成群,破伤风、疟疾等传染病在部队里蔓延。战士一旦高烧昏迷,又遭蚂蝗吸血、蚂蚁叮咬,大雨冲洗,一天之内就可变成白骨。沿途尸骨遍野,惨绝人寰。杜聿明自己也患上回归热,昏迷两天。第二〇〇师师长戴安澜,因重伤感染殉国,团长柳树人阵亡,第九十六师副师长胡义宾、团长凌则民牺牲。

在这次大撤退中,由于指挥错乱,各部队因落伍、染病死亡的,比在战场上与敌战斗而死亡的还多数倍。中国远征军动员总数约十万,到8月初集结于印度和滇西时只剩四万左右。保卫缅甸之战,中国远征军虽付出高昂代价,损失惨重,但官兵们挥戈异域,英勇奋战、不怕牺牲的精神,不可磨灭。

鞠躬尽瘁

从印度回国后,沈昌拖着一身的疲惫,安排好铁道兵伤员住院。8月5日下午三时,云南省主席龙云接见了沈昌。他又赶往重庆向蒋介石和交通部长张家璈述职。张家璈感觉沈昌明显体力不支,叫他赶紧回到昆明休养。但沈昌回到昆明,却未作休息,又奔赴在铁路工作上。此时,他既要处理随军铁路特派员公署事务,又要督伤叙昆、滇越两路的军运,为反击缅甸作准备。

当时叙昆路昆明至曲靖段已经通车，正往霑益延伸，这么做是因为盟军要建霑益机场作为开辟驼峰航线的转运机场，大批的物资和美军空军及地面空勤人员都要靠叙昆铁路运输；滇越铁路昆明至碧色寨间的二百八十七公里路段还维持通畅，军事运输及保障昆明物资运输任务繁重。沈昌心里总是放不下，经常在两条铁路上巡视，还要筹备他梦寐以求的路桥钢厂。

在抗战最危难的时期，他已无暇顾及自己的身体，一心为抗日着想，为铁路着想。在他于1942年8月，以远征军随军铁道特派员身份签发的一份公函上，我们依然能看到他一贯的精打细算。他向邮政储金汇业局昆明公司去函，要求对汇付给交通部桂林存车整理委员会、衡阳粤汉铁路、西安陇海铁路的汇款手续费从优计算。结果是二十三点八万元，邮政储金汇业局昆明公司只收了一百二十元汇费。

9月9日，沈昌还勉强支撑着病体，乘坐摇车赴叙昆铁路沿线视察，并参加了路桥铁厂的开工仪式，几乎奔波了一整天，回到小石坝家中已经是晚上八点了。对于这一天，当时年仅六岁的女儿沈蓓记得很清楚。那天是农历七月的最后一天，在沈昌的家乡江浙一带，这一天有插地藏香的习俗，沈蓓他们一边在门口插地藏香，一边等爸爸回来一起吃饭。沈昌性格非常开朗，他到家时总老远就给家人打招呼："我回来了！"听到沈昌回来，一家人高兴极了，何宛方端上了早已准备好的菜肴，全家就围聚在一起坐下来吃饭。这时，沈昌刚坐下就说眼睛痛，接着就从椅子上摔下来了，不省人事，这可吓坏了全家。家人手忙脚乱，还来不及送医院抢救，沈昌就在家中溘然辞世，年仅三十八岁！

沈昌突然逝世，全家塌了天。家中三个孩子，大儿子学潜（荃）只有十三岁，女儿学濂（蓓）六岁，当时都在小石坝；小儿子学涛（元）仅五岁，当时在上海跟随姑妈沈骥英生活。平日里沈昌是一个孩子们眼中的"玩伴"，他开朗快乐，风趣幽默，回到家里总和儿女玩游戏、唱儿歌。沈蓓永远也忘不了，爸爸跟他们在大丝棉被底下玩摸脚游戏，唱着家乡方言"苍蝇戴豆壳，豆壳像鞋拖"的儿歌。

小石坝九十六号的黄泥房内设起了灵堂，沈昌在昆明的从兄弟沈拯（家和）、沈亮（家鼐）、沈揆（家惠）、沈家莘等能赶来的都来了。《中央日报》《扫荡报》等发布了沈昌逝世的消息。川滇铁路公司设立"沈总经理治丧处"，发布治丧启事，接待各界吊唁。10月4日下午三时，云南省和昆明市各界，在社会处礼堂举行公祭仪式，沉痛悼念已故川滇铁路公司总经理沈昌。交通部、军政部、行政院等都派员前来参加公祭。灵堂里挂满了挽联、挽幛、悼诗、祭词。蒋介石特委何应钦带来手书"英爽犹存"的挽幅，龙云、张家璈、曾养甫、马崇六等政府官员或亲自前来参加葬礼，或派人送来祭幛、祭幅，以示哀悼。10月13日，沈昌灵柩出殡凤仪山麓川滇铁路公司公墓，各界军政要员，沈昌生前好友，两路员工，小石坝当地的百姓也纷纷赶来送沈经理最后一程。

1942年10月9日《扫荡报》川滇铁路沈昌总经理治丧处启事

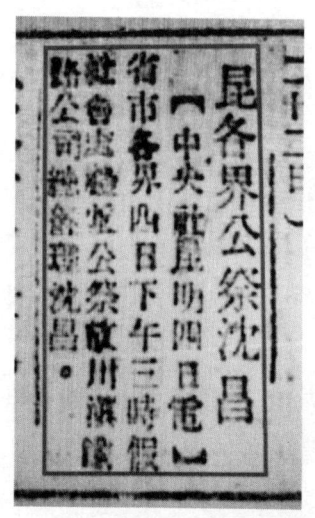

1942年10月6日《中央日报》
昆各界公祭沈昌

沈昌逝世后,交通部长张家璈为失去一位得力的下属而深为痛惜。他认为沈昌之死,虽不同于效命疆场,而短暂一身奉职忘身,以死勤事,应该获得政府褒扬。他亲自拟稿,送军政部何应钦会签,一起向国民政府申请,要求褒扬沈昌:

为川滇滇越路线区司令沈昌,随军赴缅,积劳逝世,忠勇报国,实堪悼惜。拟挈衔呈院褒扬,以彰荩绩由。
敬之兄总长勋鉴:

经启者。故川滇铁路公司总经理、叙昆铁路工程局长、川滇滇越线区司令兼中国远征军随军铁路特派员沈昌。在交通界任职以来,备受爱护,近年复在我公领导之下,主持滇越线区。此次随军出国,遇事秉承榘训,其艰危撙柱,积劳致病,情形早荷洞察。不意回国未久，倏尔逝世，公谊私交，弥深痛惜。我公逾格阅知，垂有同感，因合沈君任事忠勇，勋劳久著，似宜专案请褒，以彰荩绩。拟乞挈衔呈院，擅拟会稿附上，如蒙赞同，即请斧正掷还，以便清缮会印呈递。无任企祷，专此祗颂勋祺。

弟张家璈拜启

附会稿两件

中华民国三十一年十一月二十三日

何应钦收到张家璈的手书和会稿后，十分重视，亲笔回信表示赞同：

公权吾兄勋鉴：
　　手书并附会稿两件，均奉悉。对于专案为已故川滇滇越线区司令沈昌请褒，以彰荩绩一节，钦极表赞同，特将贵部撰拟原稿盖章，随函封还，即请饬承清缮会印，呈递为荷。顺颂勋祺。

弟何应钦拜启

中华民国三十一年十一月三十日

1942年12月22日，在行政院第五百九十三次会议上，通过了军政交通两部会呈：请转呈明褒扬故川滇滇越铁路线区司令

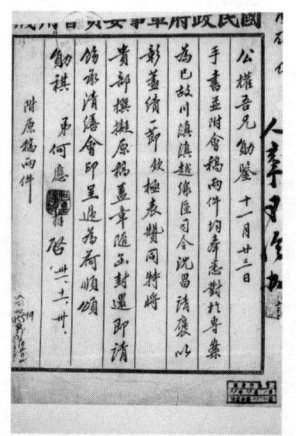

何应钦给张公权手书回函

兼中国远征军随铁路特派员沈昌,以彰荩绩的决议。1943年1月6日,蒋中正签发褒奖令,全文如下:

　　国府三十二年一月六日令:川滇滇越铁路线区司令,川滇铁路公司总经理兼叙昆铁路工程局局长沈昌,早年供职路局,卓有声誉。抗战军兴,策划西南运输事宜,辛勤备著。近年维持滇越交通,督修新路,协助军运贡献尤多。自太平洋战事爆发,敌寇南侵,我派远征军入湎,复兼任铁路随军特派员,调度因应,悉洽机宜。近因涉历巨险,忧劳至疾,悼惜良深,特以明令褒扬,以彰忠盖。

　　此令。

蒋中正

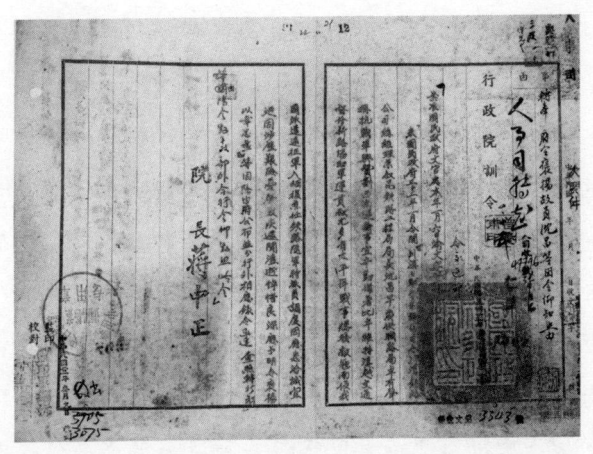

行政院对沈昌的褒彰令

沈昌一生短暂,做事学问优长,识力宏通;做人心胸开阔,通达事理。多次在困难时期临危受命,挑起最艰巨繁重的工作,而且做得出色的成绩,曾被授予"干城章"。特别在交通界沈昌是难得的人才,熟悉他的人,多为他的英年早逝而痛心不已。时任国民政府的秘书但焘,专门为沈昌撰写行状,叙述了他的生平事迹。

川滇滇越铁路线区司令、川滇铁路公司总经理兼叙昆铁路工程局局长、中国远征军随军铁路特派员沈君行状:

君讳昌,字立孙。浙江桐乡人。考欣伯公,前君诞生五月游学法兰西,以民国五年病卒巴黎。君年十二,居忧哀毁如成人,自以不获远事,欣伯公又恸。欣伯公赍志殁,则益励志攻学,于书喜博涉,尤精理数之学,大要致用为本。其在南洋公学及东南大学试辄冠其曹,复学于美利坚,先后膺麻省理工学院工学院学士，康乃尔大学工学硕士学位。迨君业成旋国，则国民政府已奠都南京，时民国十六年也。

君历佐市政，长民曹，皆为府主所重，已而掌振务委员会秘书。旋知镇江县事，是时省府移治丹徒，君治繁理剧，政尚简易，民不扰而令行禁止。老于吏事者，以为莫及，而君自此骎骎向用矣。名公巨辅闻名交辟，洊擢内政部简任技正。中枢廉君才，特派为导淮委员会委员。一月二十八日，倭变起海上，士绅建塘工委员会，议防守之策，延君主秘书，事无巨细，悉以咨之，君以得行其志，因引为已任，说者谓君之事业已基于是时矣。

君建树不一，端而以交通为最艰巨。任交通事业于承平闲暇之际，与任交通事业于远征绝国，事权不一，援绝力匮戎马仓皇之秋，其难易盖未可同年而语也。君于役缅甸时，值非常从容规划，馈运不辍，国军暨友军遂获全师而退，蓄锐待时，方至汉室鄦侯，易地而处何以加焉。君之致力交通，自其长平绥路局，始当君受任之初，费绌事棘外侮频，仍赖君之力，财用裕如，强寇慑气。名流胡适于时彦少，所可独著文扬，君良非阿好。其后使欧搜讨战时器材。抗战军兴，兼程遄返中枢，以西南为战时物资转输之孔道，命君往来港粤缅菲，先事绸缪，已而师行武汉。君出长交通部材料司未期年，政府建重庆为陪都，议兴叙昆铁路，有川滇铁路公司之设，君受命综揽公司事兼领工程局局长，驻昆明经营缔拘，论者难之。敌入寇越南，军事委员会以君为滇越铁路线区司令，备兵边陬，克举厥职，政府予干城章旌其劳，丁母高太夫人丧乞归葬不许。国军援缅,君随主发运,外捍强寇,内济联军,秉确然之操,蓄应变之才,适盟军失利,以数不盈百之员丁,擂柱其间,用克履险,如夷转危为安。随罗长官卓英出入战阵,道印度返国复命,终以巡视路事,积劳不治,卒于昆明明官,次年三十八,可谓以死勤事者矣。君之从兄亮与余善,持君之历官行事来,以君之行状见属,谓余言宜可信今传后,奚敢以不文辞,因为撰次如右。

前大元帅府秘书长、参议院秘书长、宪法会议秘书长,今国民政府秘书但焘谨状。

沈昌老家有位理学先贤张履祥曾说过:"行法之要,一曰忠信,一曰精勤。忠信以待人,则人无不尽之心;精勤以立事,则事无不成之势。"这"忠信精勤"四字,正是沈昌一生的写照。

妻子依照沈昌生前所嘱:"万一我死了,就葬在云南,让我留在这片土地上,和那些牺牲的战友和工人在一起。"他的遗体没有送回老家浙江乌镇,而是葬在了他亲手建设的昆明小石坝川滇铁路公司墓园。沈昌永远留在了昆明,留在了他战斗过的小石坝。

沈昌走了,遗孀何女士天天抄写"心经",以示祈祷,寄托哀悼,日夜沉浸在悲痛之中。亲戚们看着这样下去也不是个事,就劝说何宛方离开这伤心之地,去贵阳与妹妹何明恕家同住。

何女士带着一家离开了小石坝后,川滇铁路公司为纪念已故总经理,在沈昌家居住过的九十六号宿舍设立"立孙图书室",作为供员工和眷属阅读的场所。一直到了1948年,由于川滇、滇越两路在小石坝联合办公，两路员工增多，沈昌九十六号的房子显得狭窄，不能满足大家阅读的需要。川滇滇越总经理处，又在新办公大厦前的旧仓库原址新建了"立孙图书室"，并于3月22日正式开放。"立孙图书室"以不绝如缕的书香，让每个员工记住这位前总经理，同时也彰显沈氏家族"书香世家，绵绵流长"的传统。

1945年8月15日正午，日本裕仁天皇向全日本广播，接受波茨坦公告、实行无条件投降。也就在沈昌逝世后的整三年，1945年9月9日，南京中央陆军军官学校大礼堂举行第二次世界大战中国战区受降仪式，代表日本侵华日军总司令冈村宁次正式向代表中华民国政府陆军总司令何应钦呈交投降书。这是无数先辈用鲜血和生命换来的胜利，这是对沈昌逝去的最好纪念。

岁月流转，历史跌宕。在沈昌去世四十年之后，1982年的清明节，沈昌女儿沈蓓重返小石坝的铁路公墓，竟发现沈昌墓前有鲜花以及刚烧过的纸灰。原来，四十年来，当地百姓从来没有忘却这位抗日救国而亡的英雄，特别是小石坝鲁钟英一家，一代又一代看护着沈昌墓，这是何等珍贵的情感，让沈蓓感动不已。她清楚，小石坝的乡亲做了一件亲生儿女都难以做到的事，这一定是沈昌生前的人格魅力所致。

如今，中国铁路迎来了高速发展的时代。截至2020年年底，全国铁路营业里程14.6万公里，高速铁路运营里程达3.79万公里，稳居世界第一。在沈昌工作过的地方，川滇、滇越铁路公司旧址，如今已建成一所专门培养铁路人才的昆明铁道职业技术学院。在学院建校六十周年时，该校把沈昌当年的办公处，设立为"沈昌官邸旧址",以纪念这位铁路前辈。

2015年9月,沈昌的女儿沈蓓,作为抗日将领的后人,应邀赴北京参加在天安门举办的庆祝抗战胜利七十周年的观礼活动,并代父接受了中共中央、国务院、中央军委颁发的"中国人民抗日战争胜利七十周年纪念章"。这是党和国家对抗战英雄的深切关怀和崇高敬意,是对沈昌这个群体最大的褒奖。为的是,铭记历史、缅怀先烈、珍爱和平、开创未来!

附录

沈昌年表

1905年,一岁　清光绪三十一年农历乙巳正月初二日(公元1905年2月5日)子时生于上海高昌庙。谱名家蕃,小名昌,字立孙。父亲沈承怿(纮),母亲高颂华(儒昭)。

7月,父亲沈承怿由两广总督岑春煊派往法留学。

1911年,七岁　9月,入上海高昌庙民立幼童学校读书。校长曾泽新。

10月,武昌起义爆发,史称"辛亥首义"。迫母亲给自己剪头发,请姐姐写了"还我江山"的白旗插在门上,以示对武昌起义的支持。

12月25日,孙中山到达上海,在其住处召集同盟会干部制定临时政府方案。

1913年,九岁　6月15日,汤国梨与章太炎结婚。结婚仪式在哈同花园举行,喜宴摆在一品香旅社。[注:汤国梨与沈家的关系:汤国梨父亲汤其澄娶了沈善兼的妹妹沈兰,沈兰没有生育,劝说汤其澄娶了侧室邹氏,生了汤国梨(1883—1980),还有弟弟汤国棠（1884—1934）、妹妹汤国槊（1885—1946，嫁给了沈承禨）。沈兰对待汤国梨及弟、妹如同己出，汤其澄去世后，沈兰带着全家生活在哥哥家，所以沈家"善"字辈的都是汤国梨的舅舅。这才有汤国梨与章太炎的介绍人沈善保是汤国梨舅舅一说。]

7月，二次革命爆发。全家迁居至上海闸北宝兴路广吉里。转入商务印书馆创办的尚公小学读书。朱亮时任尚公小学教务长。

1916年，十二岁　9月12日，父亲逝世于法国巴黎。

1917年，十三岁。

转入三育小学读书。同学有朱鑽豫，沈昌专门撰写《朱鑽豫传》。

1918年，十四岁　考入交通部上海工业专门学校（南洋公学中院）。

父亲灵柩运回国内，在炉头老宅举行葬礼，王国维前来吊唁。葬于老家桐乡县炉头镇乌桥头。

1919年，十五岁　2月25日，加入南洋公学嘉兴六邑同学会，担任干事部部员。会长钱天鹏，副会长张敬忠。

5月7日，在西门外公共体育场参加声援北京学生爱国行动。

同月26日，参加西门外公共体育场举行的总罢课宣誓典礼。

同月31日，参加西门外公共体育场公祭北大学生郭钦光的活动。

暑期，与侯绍裘、袁浚昌、赵景沄开办"南洋义务学校"。

暑期，与盛君创办"国货商店"。

9月，《新青年》（第六卷第五号）出版"马克思主义专号"。

10月10日，孙中山将中华革命党改组为中国国民党。

11月，在《南洋周刊》第十期发表《设立学生团储蓄团刍议》。

1920年，十六岁 1月11日，在《时报》上发表《朱鑽豫传》，1月18日续。朱鑽豫是沈昌在三育小学校的同学，二人同时考入南洋公学。

7月1日，在《民国日报·觉悟》上发表《反对白话文的校长》。

暑期，因组织参加学生会组织的"推倒北洋政府""大罢课"等活动，与侯绍裘、茅以新、金家凤等，被学校以"举动激烈，志在不学"，责令退学。唐文治（慰芝）时任学校校长。

8月，上海共产主义小组成立，设在陈独秀家。从北京迁回的《新青年》编辑部也设于此。

同月22日，上海社会主义青年团在霞飞路渔阳里六号成立。

9月，更名"昌"。考入圣约翰大学附中三年级。此前在学校一直用沈家蕃之名。

11月14日，在《民国日报》副刊《觉悟》上发表评论《组织大规模的读书会的建议》。

同月24日，在《民国日报》副刊《觉悟》上发表评论《再论读书会的必要》。

同月26日，在《民国日报》副刊《觉悟》上发表小说《做好事的人》。

是年，上海暴发伤寒疫情。沈昌入校三月后，得伤寒重症后休学，后脱离圣约翰大学附中。

1921年，十七岁 2月，考入南洋路矿附中四年级，作为走读生在该校读书。

5月,由沈怡、恽震、邓仲澥、苏甲荣、左舜生等介绍加入少年中国学会。当时沈昌的通讯处为上海山海关路济美里110号。

9月,考入南京东南大学。

1922年,十八岁 4月,因患肺病回家休养。

7月2日至3日,参加少年中国学会1922年杭州大会。

同年,加入由《学生杂志》编辑杨贤江发起,侯绍裘、赵景沄、高尔松、高尔柏、陈广沅、凌其恺、赵祖康、杨贤江、沈昌九人参加的"青年问题讨论会"。

1923年,十九岁 1月5日,在《学生杂志》第十卷第一号上发表《我十年来的学生生活》。此文写于1922年11月6日,时在南京东南大学读书。

同月28日,与旋家骏、蒋凤五合稿在《时报》发表《中国在远东运动会失败之原因其补救方法》。

6月5日,在《学生杂志》第十卷第六号上发表《我学数学的经验》。

8月5日,在《学生杂志》第十卷第八号上发表《或然问题》。

9月5日,在《学生杂志》第十卷第九号上发表《或然问题》(续完)。

9月30日,在南京鸡鸣寺参加少年中国学会南京分会会议。到会会员有杨钟健、曹刍、李儒勉、杨效春、倪文宙、沈昌、蒋锡昌、陈启天八人。沈泽民和段调元因有事未参加。杨钟健报告了北京年会之经过和会务各问题。

10月14日,参加少年中国学会苏州大会。本次会议在苏州

留园召开，会期一天。会议发表了题为《求中华民族独立，到青年中间去》的少年中国学会苏州大会宣言。大会议决，总会因北京会员较少，宜迁南京。

11月1日，南京分会组织总会，公选陈启天、曹刍为临时正副执行部主任，沈昌为会计。

12月2日，参加在东大梅庵召开的少年中国南京总会第三次常委会。到会者为曹刍、李儒勉、蒋锡昌、段调元、涂开舆、舒新城、沈昌、杨效春、倪文宙、吴俊生、陈启天十二人。

决定向会员募捐二千元以作预备金，募捐详细办法由推定涂开舆、舒新城、沈昌草拟计划书，再开会共同讨论。

1924年，二十岁　1月，国民党决定国共合作。国民党上海执行部设于环龙路四十四号。

3月，少年中国学会执行部致评议部函，拟请段调元、沈昌、左舜生三君为本会学款保管委员会委员。评议员陈启天、邓仲澥、苏甲荣、陈仲瑜、恽代英签名赞成。

6月，加入中国国民党。

1925年，二十一岁　5月30日，发生"五卅事件"。为抗议在公共租界各处宣传反日的一百多名学生遭到逮捕，市民到老闸捕房前示威，巡捕向群众开枪，造成十三人死亡、大量负伤的事件。全市总罢工，掀起大规模的反对帝国主义运动。

8月，赴美国麻省理工大学电机工程系(市政卫生工程)读书。当年去美留学中，东南大学的同学有王家楫、吴蕴瑞、吴定良、陈思义、寿振黄。麻省工专的中国同学有李励绂、罗致睿、王士倬、王冠英。

同月17日，姐姐沈骊英抵美，进入韦尔斯利学院（WellesleyCollege）读书。

10月，沈怡离开德国德兰诗顿前往美国。

1926年，二十二岁　春，陪同沈怡在中国同学学生会演讲，当时沈怡在麻省理工大学旁听，并在基督教青年会请了两名老师补习英语。认识了中国在美留学生浦薛凤、丁嗣贤、卢祖诒、许应期、徐宗涑、郭殿邦等。

陪同沈怡去韦尔斯利学院看望姐姐沈骊英，并拜访了谢冰心。

7月，获麻省理工大学学士学位。

9月，入康乃尔大学土木工程系读书。

1927年，二十三岁　7月，获硕士学位。在美国担任水利研究员、东美市政考察专员。

7月7日，上海特别市成立，市长黄郛，下设十局十处。

9月，返国。任上海特别市市政府秘书处助理秘书兼政事科科员。

9月16日，张伯璇（定璠）担任上海特别市市长，举行就职典礼。

10月25日，受上海特别市指派，前往静安寺调查静安寺由传继纠纷引起的住持"盗卖寺产"一案。

11月16日，上海特别市第六十八号委任令，派沈昌为市政设计委员会委员。同批的有沈怡、潘公展等。

12月17日，上海特别市第九十三号委任令，委任沈昌为本特别市工务局技正。同时委任工务局技正的还有胡树楫。

同月8日，在上海特别市《市政周刊》发表《上海设立自由区刍议》。

15日，在上海特别市《市政周刊》发表《上海设立自由区刍议》（续）。

1928年，二十四岁　2月2日，在上海特别市《市政周刊》发表《上海人越界筑路年表》。

同月9日，在上海特别市《市政周刊》发表《上海人越界筑路年表》（续）。

在《道路月刊》第二十四卷第一号上发表《城市设计》。

3月27日，受上海特别市指派，参加筹议越界筑路交涉问题。

4月11日，国民政府内政部函调到部任事。任国民政府内政部技正科长、编审委员。

6月6日，受国民政府内政部委派，前往协商办理江苏省政府、上海特别市政府"政府划分区域治权案"。

9月，由国民政府赈灾委员会主席兼常务委员薛笃弼推荐，担任国民政府赈款委员会秘书长。

12月7日，参加豫陕甘赈灾委员会第五次会议，担任记录。主席薛笃弼。

同月14日，参加豫陕甘赈灾委员会第五次会议，担任记录。主席许世英。

同月，任镇江县代县长。

同月25日，在上海接受《时报》记者采访，谈建设新镇江计划。

同月28日，江苏省政府委员会第一百七十四次会议决议：聘任沈昌为训政模范区委员会委员。

1929年，二十五岁　1月，辞去赈款委员会秘书长之职。

同月11日，江苏省政府委员会第一百七十七次会议，讨论了代理镇江县长沈昌，为地方人士请设市政筹备处案。

同月29日，江苏省政府委员会第一百八十次会议，正式通过沈昌署理镇江县县长的提议。

同月，出台《设计镇江新省会之建议》，是省会迁镇后的第一个规划建议。

同月，与何宛方女士结婚。何宛方女士是江苏省松江县人，字天予，南京第一女子师范学校毕业生，后考入南京东南大学，与沈昌为同学。

3月21日，在《镇江县公报》第二期上发表卷首语《敬业与乐业》。

同月20日，江苏省政府委员会第一百九十次会议通过，调沈昌为民政厅第二科科长。

4月1日，在《镇江县公报》第二期上发表卷首语《时间与空间》。

4月21日，儿子沈荃（家潜）出生。

5月7日，任卫生部荐任技正，着支荐任一级俸。（卫生部令114号）。

6月19日，在《工程译报》发表《城市区划之原则》。

9月，调任导淮委员会总务处科长。

1930年，二十六岁　1月，任浙江保安处上校秘书。

8月，内政部第3930号令，任命沈昌为简任技正。

8月18日，内政派技政沈昌调查各省市地政及水利事宜。

钮永建时任内政部代理部长。《农声》第一百三十七期《农林消息》：内政部派员调查省市地段水利，技正沈昌行将抵省，市府饬局届时接洽。

10月29日，在《兴华》发表《上海人越界筑路之可惊》。

11月4日，代表内政部提名为工商会议委员。

1931年，二十七岁　1月15日，受内政部委派，前往陕西考察县市自治。

3月7日，庄崧甫提请国府第十六次国民政府会议批准，沈昌、王清穆为导淮委员会委员。（该职务一直兼任至沈昌逝世。）

5月30日，参加导淮会全体会，与许世英委员一起提出《指导农民兴办灌溉工程案》《请办理研究事业案》。

1932年，二十八岁　4月13日，江南塘委员会聘任沈昌为委员，并兼任秘书长。

5月，抢修江南塘宝山、太仓、松江等险堤。

9月24日，铁道部第836号令：购料委员会着即改组，派沈昌、夏光宇、吴绍曾、李法瑞为该会委员，并指定沈昌为主任委员。

11月22日，任铁道部料款委员会，沈昌与张仲鸣（常务处长）、张竞立（会计长）、夏光宇（参事）、谷正鼎（总务司司长）为该会委员（铁道部令第1015号令）

1933年，二十九岁　5月29日，前往大同，组织平绥路分局。

6月2日，铁道部令第1447号。令沈昌为平绥铁路管理局局长。部长顾孟余。

同月5日，前往平绥铁路管理局到岗，秘书张恕和陈文清。

7月，颁发《平绥铁路管理局筹还员工欠薪通告》。

同月22日，由沈昌题写刊头的《平绥路闻》出刊第一期。

同月，方振武派军需员至平绥路宣化、张家口两站开始驻站提款。

8月1日，北平市清洁委员会开成立会，沈昌到会参加。

同月11日，患牙疼请假，顾孟余前来慰问。

同月25日，到市商会会场，参加粮行公会、米面公会等二十余行公会举办的招待会。

9月1日，顾孟余昨返京，陪行至丰台下车。

同月，免去购料委员会主任委员，另有任用。（铁道部令第1641号）

同月19日，晚平绥第三十一次车在绥远附近福生庄地方出轨六辆，沈昌闻讯后，立饬工务处长偕同段课长运输课长驰往查勘，以明责任。

同月25日，赴天津办事。

10月6日，上午11时许，搭乘平绥路车赴察绥视察实业。

同月15日，结束绥远视察，返平时，傅作义、袁庆曾、苏体仁到站送行。

同月23日，下午4时25分，由平赴京，前北宁路局长高纪毅同车赴津。

同月28日，下午1时，到站送行黄绍雄、赵丕廉。

11月11日，晨8时25分陪同长芦盐运使王章祐返津。

12月7日，赴京沪线接洽，清理外债及购买材料。

同月14日，赴沪接洽，添购枕木，及偿还旧欠事。

1934年，三十岁　1月25日，发布平绥路运粮，减价运费布告。

同月27日，平绥路工友不满发半月奖金，推代表来谒沈昌。

2月6日，晚8时由沪返平。

3月9日晚，应清华大学土木工程系邀请，在该校"九·一八"纪念堂举行演讲。

3月19日，赴河边会见阎锡山，商洽平绥与同蒲两路联运及采用兵制修筑包宁路问题。20日，赴晋南视察晋北至大同段工程。

4月3日，在北平西车站，与军分会代表高胜岳、市长袁良，公安局长余景和等，送黄郛南下。

同月25日，前往杭州。

5月，组织沿线各省，参加第三届铁展，并为铁展题词"绩纪扶轮"。

同月，赴京向铁部接洽路务，旋复赴沪，于11日8时19分乘平浦车返平，当即到局办公。

6月14日，上午8时20分，乘车赴津，系向北宁路局接洽联运事宜。

7月，邀请冰心和其丈夫吴文藻，以及雷洁琼、顾颉刚、郑振铎、陈其田、赵澄、文国鼐（MissAugustaWagner）等八位名作家和国内知名人士，组成"平绥沿线旅行团"。该团第一次考察于7月7日出发，18日到平地泉，因卓资山一段铁路被冲断返回。第二次于8月8日出发，因文国鼐女士游北戴河未同行，另邀容庚先生参加，8月25日回京。前后二次从北京出发，沿平绥线旅行，向国人推介与宣传平绥铁路。历时六周的考察，冰心收获颇大，考察结束后，她写有《平绥沿线旅行记》。

7月16日，卓资山一段铁路被冲断，偕工务处长金涛乘快车视察冲断现场，组织抢修，并与傅作义一起在卓资山平地泉视察。凌晨7时，在丰镇路遇冰心一行"平绥沿线旅行团"，由于抢修事急，只隔窗匆匆招呼。平绥铁路全线各站实行与国内各路办理负责货物联运。

同月18日，上午6时30分返平，9时许即赴德国饭店，向顾孟余报告该路水患情形，及路工昼夜修筑经过。

同月28日，因在水灾中能敏捷处理患情，使铁路迅速通车，顾孟余通令嘉奖沈昌等。

同月30日，傅作义电请沈昌，协助运送参加开发西北协会第二届年会的会员。

8月15日，黄伯樵、陈耀祖奉顾孟余电召，面洽路政，于15日晨抵平。袁良与沈昌等均到站欢迎。

9月1日，顾孟余在平公毕，晚6时50分偕眷属及秘书谷锡五等，乘包车附挂平浦通特快车返京。沈昌和殷同、葛光庭、邱炜、李仙根、陈延炯、袁良等均到站送行。

同月4日，粤汉路局长李仙根，由沪来平，往游八达岭，过西直门时，沈昌登车伴行，迄晚7时返平。

9月，南昌行营颁布《严禁烈性毒品暂行条例》，为此，局长、副局长下发《通告全路员工书》。

10月，随何应钦代委员长赴察绥视察。

同月6日，下午3时05分乘平沪车去津，办理公私事务。

同月7日，奉铁道部顾孟余电召，面洽路务，于下午3时05分，乘平沪通车赴京。8日抵京，9日晨谒铁顾。

同月29日，上午10时24分乘平沪通车返平。据在车站语记者，此次南下，纯为私事者购置物件，并无何种任务，平绥路改道事，现正在计划中。

11月4日，蒋介石抵张垣并视察张北。专车4日晨10时40分，由下花园站开抵张垣。晚6时宋哲元在察省府，宴请蒋介石夫妇，及杨永泰、宣铁吾、钱宗泽、沈昌等。

同月7日，傅作义在省府宴请蒋介石夫妇及宣铁吾、沈昌等。

12月3日，由京到沪，谒顾孟余有所报告。

同月4日，在上海新闻报刊登署名文章《谈整顿平绥路近况》。

同月6日，由京乘津浦路至徐州转陇海路，参观陇海路西段筑路工程。晚9时随同潼西路第三分段段长李俨，行抵西安，寓红埠街陇海公寓。

同月7日，抵西安，视察陇海路交通及工程状况。

同月8日，下午5时，绥署参谋长韩德勤在新城大楼设宴，为沈昌洗尘，并邀杨师长渠统，及绥署各厅处长作陪。

同月15日，随北平军分会代委员长何应钦赴绥，经过大同游览云冈。

同月，在《导光周刊》第四版发表《谈关中建设》。

1935年，三十一岁　1月1日，赴包头视察。

2月6日，下午3时05分，乘平沪通车赴沪，拟留一周即北返，平绥路改道材料，已在沪购妥。

3月23日，总结上任平绥铁路局情况，向顾孟余汇报。完成平绥铁路债务整理。经此次整理，结果计减少三千一百四十六余万元债务负担。1934年年收入达一千零五十余万元；并测算包宁线准备新建铁路的成本。

4月19日，顾孟余、殷同联袂北返抵津，沈昌、许国文等赴塘迎接。

4月24日，下午4时，中国工程师学会在西城报子街开会，举行前会长詹天佑逝世十六周年纪念会，顾毓琇献茶主祭，沈昌报告平绥路务。

5月22日，下午葛光庭偕沈昌赴西山谒顾孟余。

同月23日，下午2时，铁道部顾问海孟德将军，偕随员泰莱到平绥局访问局长沈昌，畅谈路政。

6月4日，参加平绥路机厂添制新车出厂典礼。

6月21日，发生"张北事件"。被诬告毁党妄为，经国民党中执委常会决议，被撤平绥铁路党务整理委员职务。

6月26日，沈昌前往祁齐路黄郛私邸会见黄郛，汇报察省张北事件和即将出国考察等。

7月12日，10时24分返平。因平绥沿线连日大雨，为预防水患，特召集各处课重要职员开局务会议，讨论防范事宜。下午分谒政整会代表委员长王克敏、军分会办公厅主任鲍文樾、北平市市长袁良。

8月4日，下午6时50分，搭乘平浦快车赴京，向铁部报告路务。

8月16日，《新闻报》报道称，15日上午，中监委常委吴稚晖，决议开除平绥路局长沈昌党籍。

同月26日，电函时任军事委员会委员长成都行营秘书长杨永泰，因平绥铁路局近数月来，纠纷日多，风云渐急，在此紧要关头，请辞出国考察。

同月27日，杨永泰回电，不知道派出国原因，也未听闻国民党党部对沈昌怎样处分。

同月29日，8时30分，政整会代表委员长王克敏，由京搭平浦通车附挂包车抵平。军分会代表高胜岳、平津卫戍区司令王树常、平市市长袁良、平绥路局长沈昌、外交部四省特派员程锡庚、平市公安局长祝瑞林、政整会秘书长俞家骥、平市府参议余晋和，与政整会高级官员等三十余人，到站欢迎。

9月7日晨，沈昌随顾孟余乘通车由平抵京。

9月19日，沈昌辞去平绥铁路局局长。（铁道部令总字第412号）

同日，陈铭阁向蒋介石去电报告：顾孟余不赞同中央党部开除沈昌党籍的决议，要求取消决议案，并推荐沈昌担任津浦路局长。

10月9日，凌晨，沈昌在上海乘意轮康脱凡第号出国，赴欧洲各国及印度、日本考察铁路。

12月28日，平汉路局长陈延炯、铁道部顾问沈昌、会计长张竞立，于次日凌晨12时半专车来津。

同月29日，晚7时，宋哲元在北宁路局欢宴我国在野名流，主要有潘复、劳之常、靳云鹏、王揖唐、钮传善、曹汝霖、沈昌；平津要人有潘毓桂、秦德纯、萧振瀛、林叔言、刘玉书等。

同月30日，沈昌与平方当局接洽，于下午8时搭平榆24次车赴平。晚6时，当局在北宁官邸宴请铁部顾问沈昌，会计长张竞立，及平汉路局长陈延炯并邀陆梦熊、郑宝照作陪。沈昌等乘夜车返京，向铁部覆命。

1936年，三十二岁　1月，张公权担任铁道部长。

同月5日，铁长张家璈，偕铁部顾问沈昌、铁部会计张立三、平绥局长张维藩等，视察平绥线，专车微晚11时抵张。沈昌陪同张家璈赴大同、绥远视察，会见宋哲元、傅作义等。

4月3日，女儿沈蓓（家濂）出生。

10月25日，（南京25日电）前平绥路局长沈昌，在德患肋膜炎，刻在医院疗治。据其家属接来电报告，沈体温烧至四十余摄氏度，情势颇危。

12月31日，姐姐沈骊英全家来南京家里吃年（阳历）夜饭并过宿。

1937年，三十三岁　1月21日，铁道部公布《总机厂组织大纲》，沈昌兼任铁道部总机厂总经理。

2月20日，前往行政院见翁文灏。

同月23日，儿子沈元（家涛）出生。

6月1日，在《铁道月刊》第二卷第十期发表《浦镇机厂最近三月来工作概况》。

6月5日，赴株州视察机厂。

8月5日，成立"国家总动员设计委员会"。军委会办公厅副主任刘光等十六位当然委员。下设秘书组、粮食组、资源组、交通组、民众指导组、卫生组、财政金融组。主任委员：何应钦。副主任委员：俞飞鹏、曹浩森。沈昌担任交通组委员副主任，当时职务为铁道部顾问兼总机厂总经理。

9月，协助顾毓琇将清华大学的重要图书和科学仪器秘密转

移到汉口。

同月，主持筹备军事委员会西南进出口物资运输总经理处。

同月14日，蒋介石致电俞飞鹏，委任沈昌为西南运输处副处长（原定沈昌为处长）。

10月1日，西南运输处在广州戏院举行成立大会。由主任曾养甫主持，副主任沈昌并未参加。（西南运输处自1937年10月1日在广州成立至1941年底在昆明解散，先后由曾养甫兼任、宋子良、陈体诚代理，最后俞鹏飞奉蒋介石令前往调查、整顿而至撤销。）

10月30日，曾养甫拟请沈昌任专使，往法国会同使交涉欧洲运输，并可主持越南运输军械事宜。

1938年，三十四岁 1月22日，交通部任命各司司长，沈昌任交通部材料司司长。

2月10日，宋子良要求调沈昌回西南运输总处。（宋子良香港电：西南运输总处副主任沈昌，被张公权部长调部任职，恳商张部长准饬迅即回任。）

8月2日，由汉飞抵西安视察，日内转渝。

8月10日，受交通部委派去兰州与朱绍良商议西北公路运输工和改进一事。

同月25日，设置叙昆铁路工程局，派沈昌暂兼该局局长，并兼总工程司。吴益铭、吴祥琪为副局长，并兼副总工程师。

9月20日，任川滇铁路公司理事会理事、审标委员会委员、总经理。

11月28日，萨福均、沈昌邀请时任云南省建设厅厅长的张邦翰（西林）到太和街第五所家中聚餐，商量路务事宜。

12月25日，滇缅叙昆两路联合开工典礼，沈昌报告工程筹备情形。

1939年，三十五岁　1月14日，与金开英一起去行政院会见翁文灏，商量与英国、法国共同建设川滇铁路事宜。

6月2日，川滇滇缅两路改组。曾养甫任滇缅督办，沈昌为川滇路总经理，杜震远等任局长。

8月16日，与广西贸易处协理赵士从一起前往翁文灏处。

同月17日，前往行政院翁文灏处，商量与法国人合作开发云南矿产事宜。

9月1日，沈昌由昆乘中航机飞河内。

10月16日，在《抗战与交通》上发表《滇越铁路运输统计及预测》。

11月6日，与翁文灏一起前往张公权处，商量法国银团参与叙昆铁路事宜，商定后拟草案，由沈昌带回云南征求龙云意见。

同月11日，在张公权宅会商叙昆路还款担保事宜，参加者有Francois、Mortsoth、翁文灏、刘竹君、胡征岩、祖兴让、沈昌、张公权、张维翰（龙云派参加）。

同月25日，陪同Francois、刘竹君、祖兢生去翁文灏处晚餐。当天南宁失守。

12月4日，下午，参加行政院审查叙昆铁路借款合同：法国银行供给材料值四万八千万法郎，建设银公司出三千万元，十五年还清，铁路约三年至四年造成。晚上，参加孔祥熙宴请法国大使Cosme的晚宴。

12月21日，在范庄，孔祥熙、张公权、翁文灏与AlfredFrancois、刘竹君签订《叙昆铁路地带矿业合作合同》。

1940年，三十六岁　1月1日，沈昌在《抗战与交通》上发表《抗战期中西南铁路建设问题》。

同月9日，免去铁道部材料司司长另用。

2月6日，日军轰炸滇越路，沈昌亲率员工赶赴工地协同路方昼夜赶修。

同月12日，沈昌向龙云报告：8日晚山洞已挖开清除完毕，开始重铺钢轨，同时将八十三公里桥及九十五公里路基被炸部分赶修。今夜当可修复通车。二百三十五公里桥将在佳晚（14日情人节）修复通车。我方派往滇越路技术人员已有二十人，大多均谙法语，技工亦已逾三百名。

5月22日，委员长昆明行营，为防护各公路、铁路，及统筹各项物资之运输起见，特成立运输统筹委员会，现已正式成立。委员由各有关机关长官担任，计设常务委员会五人，经发表为刘耀杨、沈昌、龙沈遂、张邦瀚、陈德斋；委员十二人，为王受庆、袁丕济、盛祖钧、张有谷、马轶鲜、巴都、杨文清、陈瑞麟、陈廷袭、谭伯英、禄国藩、刘发良，至内部组成，系委员会之下，分五组，组长由常务委员分别担任。

6月20日，奉龙主席密令，派铁道员工限令明雨夜将老范寨铁路桥暗中拆卸，以阻机车出口。并电告滇越路路警总局刘局长、河口陈督办知照。

同月21日，张嘉璈致电蒋介石请示拆除滇越铁路老范寨桥梁。

同日，滇越铁路停止运输，情形严重。龙云当即派沈昌飞越谒询越督停运详情。下午6时，沈昌偕许总领事见总督。下午7时，沈昌向龙云报告情况。昨晚安南已接受日本停运之条件，总督向沈昌口头声明九项。

6月22日，在河内向蒋介石呈稿。越南接倭寇爱的美敦书后，晤见越南总督之谈话记录。告知安南军队已出防海，防桃山各海口及谅山各隘口，对于敌人确准备抵抗并无退却现象；西贡军队正络续北调，现有三分之二集中北部，所传往南撤退之说不确；昨晚安南已接受日本停运之条件。

同月23日，龙云密令沈昌设法暗中运海防银行所存一百八十吨国币。

同月26日，沈昌报告滇越路运输情况。

同日，毛庆祥（蒋介石侍从室主任）向芷町电告沈昌赴越南情况。

7月6日，军事委员会委员长昆明行营6月29日5763号训令沈昌兼任滇越铁路总视察。机车货兜应放行事宜均由总视察决定。（委员长昆明行营，主任龙云，作战区域为滇、越边区。）

同日，滇越铁路警察总局局长刘发良，派廖能容协助沈昌视察滇越铁路。

同月7日，张治中呈蒋中正：已勘沈昌准备滇越讨论停运后滇越铁路接管办法，随时商承龙云妥慎处理。

同月18日，行政院政务视察团滇黔组主任蒋作宾氏，下午4时，召集中央在滇各交通机关长谈话，计到西南运输处副主任龚学遂、吴琢之，西南交通管理处主任薛葆康，川滇铁路公司经理沈昌，西南公路管理处副处长杨仲孚，川滇公路管理处处

长马帙群,滇缅公路管理局局长谭伯英,约谈一小时许。

8月15日,沈昌邀请何应庆到太和街三百二十六号。

同月27日,沈昌向毛庆祥电并呈蒋介石。法国驻滇总领事来谈,接安南总督电转,维琪政府电,外传法国允日假道绝对不确。希望中国政府勿轻信谣言。

9月10日,国民政府军事委员会昆明行营委任沈昌为滇越铁路线区司令,领少将军衔。

同月16日,沈昌代表滇越铁路线区司令部发布通告,对滇越线滇段实行军管。

同月21日,沿路各警分局拨归线区司令部沈昌管辖。

同月26日,沈昌呈文龙云,申请租用龙头村山顶弥陀殿、观音殿作为司令部郊外办公处。

10月7日,沈昌向军政部何应钦报告:日敌机轰炸开远,毁第二号仓库,员工受伤六人,居民亦多伤亡。开远东丛报桥本日敌机二十七架,于11时50分大炸开远,目标在忠烈祠。高射炮连路警总局及抢修队仓库周围一带,投弹八九十枚,第二号仓库已炸毁,第一号仓库墙壁原件员工伤六人,城内机枪扫射,起火两处,居民多有伤亡。至12时50分解除警报。

同月15日,沈昌报告滇越拆轨情况:滇越拆轨已过四十五公里,经呈奉龙主任准即将老范寨以下各大小桥梁已拆运者外,加以爆坏,即由行营电令河口陈堃办理,转饬执行。

同月21日,龙云向蒋介石转报滇越路局滇境分局现状,请示派沈昌接收滇越办法。

12月11日,参加翁文灏晚宴。吴达诠、汪楞伯、霍亚民、徐景微等一同参加。

1941年，三十七岁 1月16日，给个碧铁路公司发函，结算输送步四旅运费三十四万八千七百一十四元。

2月15日，向云南大学捐款一万元，交该校用节约建国储蓄方法，存放银行，以后每年经利息所得，作为理科学生奖学金。

4月，叙昆铁路昆明至曲靖段通车后，滇越铁路线区司令部改为滇越、川滇铁路线区司令部。

8月28日，应云南广播电台之邀，广播《云南之交通》。

11月，沈昌负责接待英美军事代表团，英少将武官、英上尉武官及美顾问等一行，于11月27日返昆。

12月，根据《中英共同防御滇缅路协定》，军委会编组中国远征军赴缅作战。

同月11日，向第五、第六两军发布入缅动员令，随即命令杜聿明的第五军迅速向保山集中，甘丽初的第六军结集做好入缅准备，又将张轸任处长的补充训练总处改编为第六十六军。准备入缅。远征军由第五军、第六军、第六十六军组成，共约十一万人，全称中国远征军第一路。沈昌为远征军铁道随军特派员。

1942年，三十八岁 1月10日，函告军事委员会。昆明附近铁路用煤月需四千吨，各工厂用煤至少须一千五百吨，均仰给于可保村煤矿。该处大小煤矿甚多，前由资源委员会投资将大矿收买组织明良煤矿公司。现该矿煤价较三年前已涨至三十倍，而产量日益减少，前两月不足六千吨，本月更减，每日仅能供铁路用煤五十吨。

1月22日，母亲高颂华在上海病故。

3月11日，蒋介石派史迪威以中国战区参谋长名义，入缅指挥中国军队。沈昌出席在腊戍参谋团举行中英联席会议。会议决定：设立缅甸铁道军管司令部，由伊斯梅尔少将、和沈昌少将分任正副司令。

3月12日，重庆国民政府军事委员会明令确定中国远征军第一路司令长官部番号，任命卫立煌为司令长官，杜聿明为副司令长官，因卫立煌没有到任，由杜聿明代理司令长官，参谋长罗又伦，中国远征军司令长官部设在曼德勒前方数十公里的平满纳。

4月17日，在缅甸向张嘉傲报告：前方路员逃避一空。瓢背至平曼纳五十英里，即由沈昌第一次带来之司机、司炉共十七人担任。

5月1日，杜聿明由四维堡乘火车北发，距出站二里许，发生碰车事件。英方段长要求我方铁道运输司令沈昌，即刻接收坎伯鲁以南之铁路管理及运输任务。

同月4日，沈昌由纳巴回印道，告诉罗卓英：印道密支那间车路拥塞，纳巴以北第二站昨日发生撞车，还没有修复，铁道陷入停滞状态。

同月16日，沈昌率铁道兵团员五十名，随罗卓英在哈马林待命。

同月23日，沈昌随罗卓英抵达印东重镇燕飞尔，英军守将阿文前来迎接，孙立人的新编三十八师也陆续到达。

8月5日，下午3时，云南省主席龙云接见滇越线区司令沈昌。

8月，以远征军随军铁路特派员、川滇铁路公司名誉发出公函,为汇付桂林、粤汉、西安等欵款乞从优计算汇费。

9月9日,乘坐摇车赴叙昆铁路沿线视察,并参加路桥钢铁厂开工典礼。回家后,因脑溢血病故。

同月10日,《中央日报》(中央社昆明10日电)报导,川滇铁路公司总经理、叙昆铁路工程局局长、兼滇越铁路线区司令沈昌,9日晚于昆明寓所,突发脑充血,当晚10时30分逝世。

10月4日,省市各界下午3时,假社会处礼堂公祭故川滇铁路公司总经理沈昌。

同月13日,沈昌灵柩出殡,葬于昆明凤仪山麓川滇铁路公司墓园。

1943年 1月6日,国民政府三十二年(1943)1月6日渝文字第95号令:川滇滇越铁路线区司令,川滇铁路公司总经理,兼叙昆铁路工程局局长沈昌,早年供职路局,卓有声誉。抗战军兴,策划西南运输事宜,辛勤备著。近年维持滇越交通,督修新路,协助军运,贡献尤多,自太平洋战事爆发,敌寇南侵,我国派远征军入滇,复兼任铁路随军特派员,调度军运,悉洽机宜。近因涉历巨险,忧劳致疾,遽闻溘逝,悼惜良深,特以明令褒扬,以彰忠荩,此令。

柞溪沈氏思源堂宗谱

八十六世济。著子,号秀川。明初由苕溪始迁桐乡之柞溪,为秀川支始祖。生卒失考,葬本县二十三都东一图廻字圩季家泾叶安浜东南岸壬山丙向。元配姚氏,继配尤氏。子一,能。

八十七世能。济子。子一,忠。

八十八世忠。能子。子二,凤翔、凤仪。

八十九世凤翔。忠长子。子一,铧。

九十世铧。凤翔子,字东溪。子二,城、让。

九十一世让。铧次子。子二,鼎、鈜。

九十二世鼎。让长子。子六,一湄、一清、一瀚、一濬、一泗、一濂。

九十三世一濂。鼎六子。子二,元楷、元杓。

九十四世元楷。一濂长子。子三,廷炜、廷炌(嗣出元杓)、廷炳。

元杓,一濂次子。嗣子一,廷炌。

九十五世廷炌。元杓嗣子,元楷次子。子三,孝本、孝宗、孝纯。

九十六世孝本。廷炌长子。子二,钰、乐善。

九十七世钰。孝本长子。子三,瀛、浩、沆。

九十八世瀛。钰长子。子三,宝枝殇、宝棨、宝樟。

九十九世宝棨。瀛次子,字子信,号嗣仙。桐乡县学廪生,候选训导。子三,善蒸、善挚、善养。

一百世善蒸。字公进,号粒民,又号立民。宝棨长子。女一,隆保。子一,承怿。

一零一世承怿。又名纮,号欣伯。善蒸长子。子一,昌。女三,骏英、骊英、骥英。

一零二世家蓄。又名昌,字立孙。承怿长子。子二,学潜、学涛。女一,学濂。

一零三世学潜。又名荃,昌长子。学涛。又名元,小名牛牛,昌次子。学濂。又名蓓,昌女。

参考文献

1.《中国地方志集成·乡镇志专辑》：（明）李乐纂《重修乌青镇志》；（清）董世宁纂《乌青镇志》；（民国）卢学溥、朱辛彝、张惟骧等纂《乌青镇志》，上海书店1992年。

2.沈学隆、沈学斌编：《柞溪沈氏思源堂宗谱》，1995年1月。

3.佚名编：《求志书院课艺》，清光绪三年（1877）。

4.《少年中国》会刊，1919年至1925年。

5.《学生杂志》，商务印书馆，1919年至1925年。

6.《平绥路闻》(1933—1935年民国期刊)，平绥铁路局总务处出版。

7.云南档案馆、红河学院：《滇越铁路史料汇编（上、下）》，云南人民出版社，2014年7月。

8.和中孚：《中国与东南亚的链接——滇越铁路》，云南人民出版社，2014年1月。

9.李学通、刘萍、翁心钧整理：《翁文灏日记（全二册）》，中华书局，2014年1月。

10.郑振铎、谢冰心：《西行书简·平绥沿线旅行》，山西古籍出版社，2002年3月。

11.王玉芝:《滇越铁路史研究》，人民出版社，2020年11月。

12. 彭桓编著:《滇越铁路影像志》,云南人民出版社,2016年11月。

13. 孙官生著:《百年窄轨(滇越铁路和个碧石铁路史)》,中国文联出版社,2008年5月。

14. 铁道部秘书厅编:《铁道半月刊》(1936—1937)民国期刊。

15. 政协湖北省秭归县委员会文史资料委员会编:《忆念杜镇远》,中国文史出版社,1993年3月。

16. 周建新:《钱令希传略》,大连理工大学出版社,2013年12月。

17. 钱昌照:《钱昌照回忆录》,中国文史出版社,1998年8月。

18. 任桐君:《一个女教师的自述》,三联书店出版社,1989年4月。

19. 唐金波:《云间有颗启明星——侯绍裘传》,江苏凤凰文艺出版社,2017年7月。

20. 金立人、贺世友:《杨贤江传记》,江苏教育出版社,1990年3月。

21. 郭廷以等:《白瑜先生访问记录》,九州出版社,2012年3月。

22. 沈亦云:《亦云回忆》,岳麓书社,2020年7月。

23. 沈怡:《沈怡自述》,中华书局,2016年3月。

24. 王炳根:《玫瑰的盛开与凋谢——冰心吴文藻合传》,福建教育出版社,2017年9月。

25. 上海特别市工务局:《上海特别市工务局业务报告1927年7月至12月》。

26. 中国人民政治协商会议全国委员会文史资料研究委员会《远征军印缅抗战》编审组,《远征军印缅抗战》,中国文史出版社,1990年10月。

27. 沈宗瀚:《小麦育种专家沈骊英先生行述》,沈宗瀚刊印,1942年11月。

28. 师元光等编:《中国航空事业先驱王士倬》,航空工业出版社,2007年12月。

29. 朱斐主编:《东南大学史(1902—1949)》,东南大学出版社,2012年5月。

后记

2020年底,接到夏春锦君来电,称桐乡市文联编辑桐乡历史文化丛书第五辑,其中《沈昌传》的撰写,意向叫我接手。虽然之前在收集乌镇史料时,接触过柞溪沈氏家族及沈昌的一些资料,但离撰写传记,在资料收集上尚显不足,故没有冒然接受。

桐乡市文联能将《沈昌传》列入历史文化丛书,显然是件好事。于是我联系了沈昌的女儿——现居住在美国的沈蓓女士,得到了她的许可和支持,并陆续收到了一些她多年来收集的有关其父亲的文献资料。沈蓓女士告知,昆明有几位多年研究沈昌的教授学者,合作撰写是最理想的办法。我一下感到轻松了好多,便答应一起撰写,但一圈联系下来,不是没空就称精力不够,终不能成行,甚是遗憾。最后,在沈蓓女士、叶瑜荪老师和桐乡文联褚万根先生的鼓励下,我硬着头皮接受了本书的撰写。

整个撰写的过程,是一个学习的过程。纵观柞溪沈氏家族,风风雨雨,一路走来,你会看到家风的力量。沈家一定秉承着"忠信待人,勤精立事"的家风,才会有沈昌这样的子孙。沈昌在世这三十八年,我们的国家发生了什么?沈昌又经历了什么?

我着实是梳理了一遍。辛亥革命，推翻帝制；五四运动，打倒军阀；国共合作，抗日救国。沈昌所亲身经历的，都是不可忘却的一场场波澜壮阔的事件。在觉醒年代，他参加反帝反封建的新文化运动，上街演讲，办义务学校，努力地唤醒民众。他参加李大钊等创建的"少年中国学会"，和杨贤江等一起组织"青年问题讨论会"，与烈士侯绍裘一起开全国先河，创办义务学校。何尝不是在那个年代，一个有志青年对中国出路的苦苦追寻与探索。

他出洋求知，学有专长。在风云跌宕的年代，先后参与过上海城市建设、兴修水利、赈灾扶贫、抢修海塘，进而到一县之长，像个消防员，处处在水火之中救急。执掌铁路线时，又正逢国难当头，他不避嫌怨，忠勇报国，奋战在抗日最前线，直至生命最后一刻。

感谢巾文联为沈昌立传，我很荣幸参与《沈昌传》的撰写。在撰写过程中，我得到了很多人的指导与帮助，参考引用了相关的著作与文献资料，在书后虽然列了个参考文献目录，但实因引用文献繁多，未能全部列入，在此一并致谢。这里特别感谢沈昌女儿沈蓓女士的全程提供资料，介绍联系研究沈昌的学者教授，并为本书作序。感谢华文出版社南洋老师精心的斧正。

因撰写水平有限，加之疫情等原因，没有沿沈昌的足迹深入实地采访，难免有遗漏舛误，期待大家的指正。

章建明